D1699382

DIANA
VERLAG

Gérard Badou

Die schwarze Venus

Das kurze und tragische Leben einer Afrikanerin, die in London und Paris Furore machte

AUS DEM FRANZÖSISCHEN VON
SUSANNE REICHERT

Diana Verlag
München Zürich

Die Originalausgabe erschien unter dem Titel
L'Énigme de la Vénus Hottentote
bei Éditions Jean-Claude Lattès, Paris

1. Auflage

Satz: Filmsatz Schröter, München
Druck und Bindung: GGP Media, Pößneck
Printed in Germany

ISBN 3-8284-5038-5

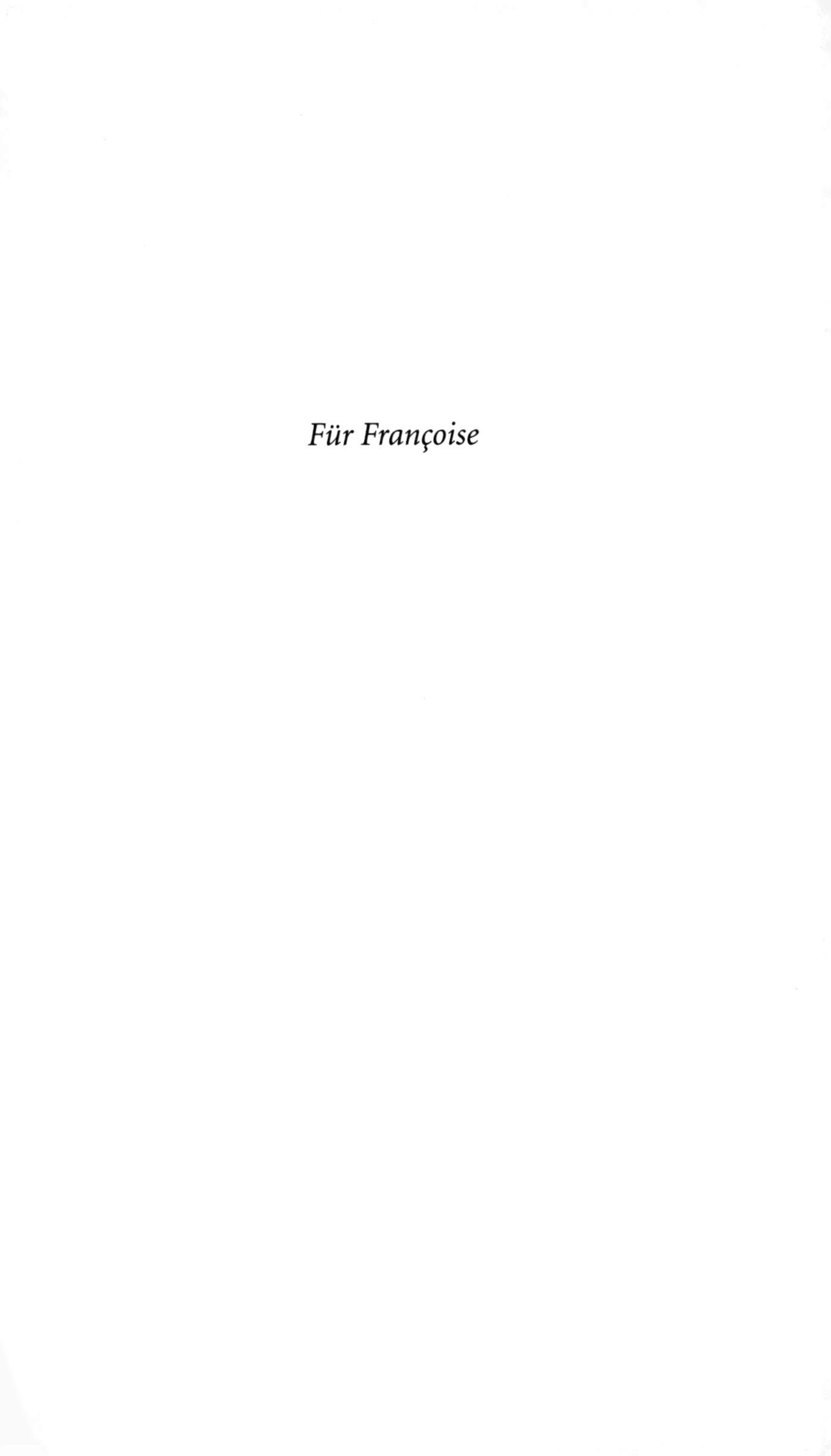

Für Françoise

Inhalt

»Die Erfahrung beweist uns leider, wie lange es dauert, bis wir die Menschen, die sich von uns durch ihr Äußeres und ihre Sitten unterscheiden, als unseresgleichen betrachten.«

Charles Darwin, 1871

»Ein Barbar ist ja vor allen Dingen derjenige, der an die Barbarei glaubt.«

Claude Lévi-Strauss, 1952

Einführung

Bisher hat wohl jeden Besucher des Pariser Völkerkundemuseums, des Musée de l'Homme, der Anblick der afrikanischen Hottentotten-Venus berührt. Sie ist als Statue aus braunem Gips verewigt und wirkt so wirklichkeitsnah, dass viele Leute einen echten, präparierten Körper, eine Art Mumie vor sich zu sehen glaubten. Erschütternd ist vor allem das Gesicht: Die Augen sind in stummem Schmerz geschlossen, dem halb geöffneten Mund entweicht ein letzter, nicht enden wollender Atemzug. Seltsamerweise erweckt genau dieses Antlitz – das einer Toten – diesen Körper zum Leben, von dem einst direkt auf der Haut des Leichnams ein Abdruck geformt wurde. Schwere, hängende, schlauchartige Brüste, Hüften, so breit wie Kürbisse. Ein erstaunliches Hinterteil, das eine riesige fleischige Wölbung bildet. Und zwischen den dicken Schenkeln verborgen hängt schlaff ihr Geschlecht herunter.

Diese dunkle Nacktheit, die den Betrachter fasziniert und die Gemüter verwirrt, gibt viele Rätsel auf. Kinder lachen und Eltern murren ungehalten. In ihren Augen handelt es sich um ein Monster im wahrsten Sinne des Wortes: um ein anomales Wesen, eine Verirrung der Natur. Aber sie löst nicht nur Abscheu aus, sondern übt auf das Publikum vielmehr eine Anziehungskraft aus, die aus den tiefsten Tiefen der Seele andere, uralte Bilder aufsteigen lässt, wie man sie in den Höhlen unserer Urahnen entdeckt hat, nämlich die der »Aphrodite Kallipygos« mit den üppigen Formen, deren Bedeutung den Wissenschaftlern bis heute unklar ist: Darstellungen der Muttergöttin? Gestalt der Frau als weibliches Wesen? Fruchtbarkeitssymbol? Archetyp des sexuellen Begehrens? Rein erotische Objekte? Die zahlreichen, nicht gesicherten Interpretationen machen die Sache nur noch geheimnisvoller. Dieselbe Ambivalenz geht auch von der Hottentotten-Venus aus, die in voller Lebensgröße in der Vitrine steht und außerordentlich präsent ist. Und sie ist umso beunruhigender, als sie schwarz, afrikanisch, ja mehr als fremd, nämlich exotisch und damit eindeutig anders ist.

Dies sind die genetischen, anatomischen und ethnischen Fakten, die das Wesen dieser ungewöhnlichen Person ausmachen. Hinzu kommen noch die besonderen Umstände, in die sie 1789 hineingeboren wurde, und die Orte, an denen sie sich aufhielt.

Ende des ausgehenden 18. Jahrhunderts war die äußerste Spitze des südlichen Afrika Schauplatz gewalttätiger Auseinandersetzungen zwischen Schwarzen und holländischen Siedlern, den berühmt-berüchtigten Buren. Oft entgingen die Schwarzen dem Massaker nur dadurch, dass sie sich den Weißen unterwarfen, und so lernte auch die spätere »Venus« in ihrer Jugend, sich aus Furcht unterzuordnen.

Das grausame Zusammenspiel der Umstände bestimmt das wechselhafte Schicksal dieser merkwürdigen Kreatur, die offenbar dazu verurteilt war, nur als Objekt der Neugierde zu dienen, und das sogar über ihren Tod hinaus. Im Museum stellte man nämlich einen Abdruck ihres Körpers und daneben ihr eigenes Skelett aus. So machten es früher die alten Maler, die auf Bildern mit dem Titel »Vanitas« die Vergänglichkeit der Jugend darstellten, vor der die unabwendbaren Spuren der Zeit nicht Halt machten. Das ist blanker Hohn, denn in diesem Fall sollte die Nachbildung offenbar – zumindest in den Augen der Europäer – gar kein Schönheitsideal verkörpern. Lesen Sie im Folgenden, wie schonungslos ein englischer Beobachter namens Bernth Lindfors die Hottentotten-Venus bereits zu ihren Lebzeiten, 1810, beschrieb:

> Am ausgeprägtesten sind vor allem ihr enormes Gesäß und ihre verlängerten Schamlippen, die so genannte »Schürze«. Mit diesen anatomischen Besonderheiten erinnert sie eher an einen Pavian als an ein menschliches Wesen.

Liest man diese Worte, die heutzutage kein Mensch mehr auszusprechen wagte, kann man sich vorstellen, welchem Sarkasmus dieses arme Mädchen ausgesetzt war, das – Gipfel des Hohns! – auch noch »Venus« genannt wurde. Doch andererseits war dies auch ein ehrenvoller Titel. Mit 20 Jahren erreichte die Hottentotten-Venus eine ungeahnte Berühmtheit. Ihr Name stand in großen

Lettern auf den Häuserwänden von London und wurde in der britischen Presse oft kommentiert. In Paris prangte ihr Bildnis auf den Aushängeschildern der Modegeschäfte, und die Vaudeville-Theater auf den großen Boulevards trugen zu ihrem Ruf noch bei. Wie konnte sie es so weit bringen? Durch welches Wunder gelang es einer Wilden mit grotesken Körperformen, die im südafrikanischen Busch praktisch als Sklavin lebte, in zwei der größten Hauptstädte Europas einen solchen Bekanntheitsgrad zu erreichen? Ein erstaunliches Leben, das unter dem Skalpell von Georges Cuvier, einem der größten Wissenschaftler jener Zeit, ein Ende finden sollte. Und so beschäftigt die Hottentotten-Venus auch weiterhin die Phantasie mehrerer Generationen von Neugierigen, die sich über ihre merkwürdige Physiognomie amüsieren.

Da fällt einem jenes andere Phänomen ein, John Merrick alias *Elephant Man*, ein Mann mit einem riesigen Kopf, den die Folgen einer Krankheit entstellt hatten und der 1884 in London in einer Jahrmarktsbude ausgestellt wurde. Auch er wurde das Idol der Salons, bis sich nach seinem Verschwinden die Öffentlichkeit erregt für die Anerkennung der Würde derartiger »Monster« aussprach.

Die Hottentotten-Venus sollte jedoch noch lange nach ihrem Tod weiterleben, nämlich den Blicken der Öffentlichkeit mehr als 150 Jahre lang preisgegeben, zuerst im Museum für Naturgeschichte und dann im Völkerkundemuseum, dessen Attraktion sie wurde. Aber plötzlich, es ist noch gar nicht lange her, beginnt für sie eine neue

Folge ihrer posthumen Abenteuer. Sie verschwindet. Sie wird den Blicken ihrer Bewunderer entzogen – aus unerfindlichen Gründen, die auf den folgenden Seiten erörtert werden. Auch heute noch gibt sie als Mittelpunkt diplomatischer Rangeleien zwischen Frankreich und der Republik Südafrika Anlass zu unverständlichen Auseinandersetzungen, so als sollte ihr Schicksal niemals ein Ende finden. Hier nun die erstaunliche Geschichte der Hottentotten-Venus.

I

Das Mädchen der Guten Hoffnung

Die Hottentotten-Venus!« Dabei hatte diese junge Schwarze, die 1810 in London eintraf, nichts von einer Schönheitskönigin an sich. Die Gassenjungen des Stadtviertels Seven Dials in der Nähe von Piccadilly hatten ihr sofort den Spitznamen »*Fat bum*« (Fettsteiß) verpasst. Wäre sie des Englischen mächtig gewesen, hätte sie ihnen diese Bemerkung nicht einmal verübelt, denn sie war an derlei Spott schon gewöhnt.

Sie wurde 22 Jahre zuvor in jenem entfernten Land geboren, das heute Südafrika heißt. Genauer gesagt, am Ufer des Flusses Gamtoos, der damals die Grenze zwischen der holländischen Kolonie des Kaps der Guten Hoffnung und dem Kaffernland bildete.

Offen gestanden, ist über die Herkunft unserer »Venus« sehr wenig bekannt. Die ersten Jahre ihres Lebens liegen noch im Dunkeln. Bei den Menschen, die man »Wilde« nannte, gab es keine schriftlichen Unterlagen, nur Hinweise auf Geburten, Lebensläufe oder Todesfälle, die als nicht greifbare Archive nur im Gedächtnis der Männer und Frauen jedes Stammes existierten. Will man versuchen, die Kindheit unserer Heldin zurückzuverfolgen,

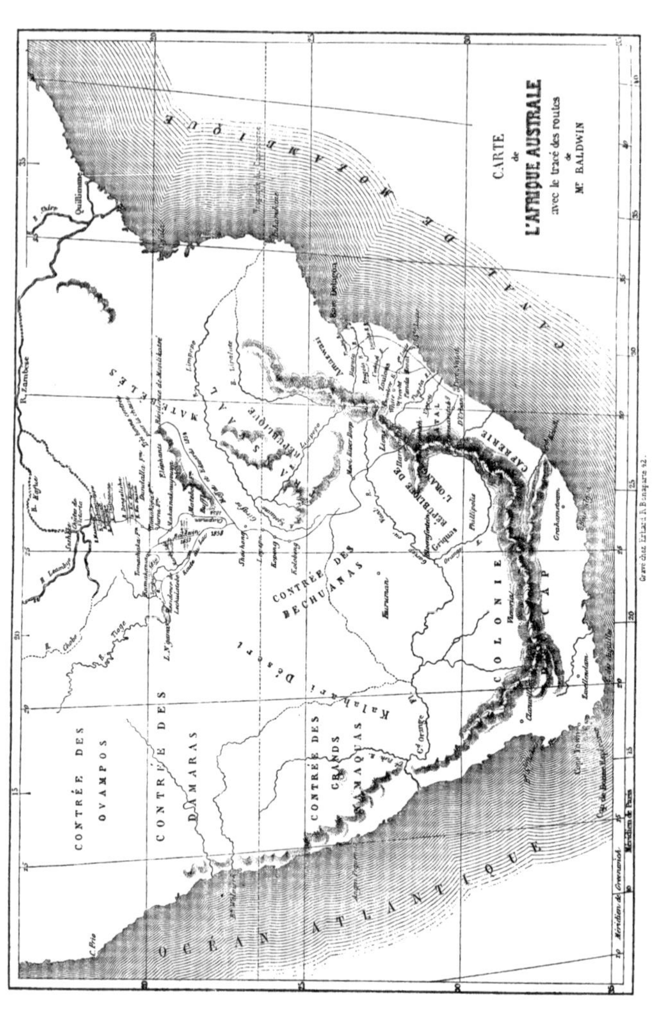

Die spätere »Hottentotten-Venus« wurde 1789 an der Grenze zwischen der Kapkolonie und dem Kaffernland geboren.

muss man sich auf die Geschichte ihres gesamten Volkes und die Berichte von Reisenden aus der westlichen Welt stützen, die damals das südliche Afrika erforschten. Mit diesen Informationen kann die Phantasie – wie Flaubert im Hinblick auf die Archäologie sagte – »ganze Welten aus Holunderstängeln und Nachttopfscherben wieder erbauen«.

Da es sich um die Lebensgeschichte eines Menschen handelt, müssen wir bei unseren Nachforschungen einerseits ebendiese Hinweise interpretieren, andererseits aber auch ein bisschen Intuition und jene Sympathie mitbringen, die uns den direkten Weg ins Herz der betreffenden Person weist. Wenn wir uns auf eine Entdeckungsreise in die Zeiten und an die Orte begeben, die die ersten Lebensjahre der Hottentotten-Venus geprägt haben, werden wir ihr außergewöhnliches – selbst für einen Hottentotten-Magier völlig unvorhersehbares – Schicksal besser begreifen.

Im 15. Jahrhundert, zu einer Zeit, als die Gebiete an der Spitze des afrikanischen Kontinents, die den Atlantik vom Indischen Ozean trennten, von Europäern entdeckt wurden, lebten dort seit Jahrtausenden zwei Eingeborenenvölker: die »Hottentotten«, ein Nomadenvolk von Hirten, die ihre Herden über die Weidegründe trieben, und die »Buschmänner«, auf Holländisch *Bosjesman,* auf Englisch *bushmen.* Die Buschmänner waren ebenfalls Nomaden, lebten jedoch ausschließlich von Erträgen der Jagd und des Sammelns, da ihnen jede Art von Viehzucht widerstrebte.

Für die Anthropologen weisen Hottentotten und

Buschmänner gemeinsame Merkmale auf, besonders ihre geringe Körpergröße (die Männer sind selten größer als 1,60 m). Sie sind von dunkelgelber Hautfarbe, praktisch unbehaart, haben Schlitzaugen und hervorspringende Wangenknochen. Deshalb hielten die ersten Europäer, die ihnen begegneten, sie für Asiaten aus Ländern östlich des Indischen Ozeans – eine Hypothese, die sich nicht bewahrheitet hat. Ebenso versuchen mehrere widersprüchliche Theorien die Einwanderung der Buschmänner und der Hottentotten aus nördlichen Regionen Afrikas zu erklären. Nach heutigem Wissensstand, der sich auf die Entdeckung von Skeletten stützt, die an dieser äußeren Spitze Afrikas exhumiert wurden, waren diese beiden Völker anscheinend schon seit der Frühgeschichte (drittes bis erstes Jahrtausend vor Christus) in diesem Gebiet ansässig.

Was die gemeinsamen kulturellen Merkmale von Hottentotten und Buschmännern betrifft, so sind sich die Fachleute einig, vor allem im Hinblick auf die Besonderheit ihrer Sprache: Das *khoi* zeichnet sich durch typische Schnalzlaute aus, die mit der Zunge gebildet werden und den Worten den Rhythmus einer Rassel verleihen. Die ersten holländischen Siedler, die natürlich unfähig waren, diese unverständliche Sprache zu verstehen, machten sich darüber lustig. Für all diese Schwarzen, die sich ihrer Meinung nach wie gackernde Hühner verständlich machten, erfanden sie die Bezeichnung »*hot-en-tot*«, eine Art lautmalerisches Wort, das so viel hieß wie »stottern«.

Somit warf man alle Völker der Kapregion unter der

Bezeichnung *Hottentotten* in einen Topf. Erst später machten die Siedler in ihrem Wortschatz eine Unterscheidung zwischen den *Hottentotten*, den Wanderhirten, und den *Buschmännern*, den Steppenjägern. Die Betroffenen gaben sich natürlich gefälligere Namen: In ihrer eigenen Sprache nannten sich die Hottentotten *Khoi-Khoin*, was »Menschen der Menschen« bedeutet. Diese ungewöhnliche Bezeichnung stammt von jenen Menschen aus der Frühzeit, die, als sie Ende des 15. Jahrhunderts von den Europäern entdeckt wurden, noch so lebten wie ihre Vorfahren aus der Steinzeit.

Die Hottentotten waren stolz auf den in ihren Augen würdevollen Namen Khoi-Khoin und wenig geneigt, ihn mit den Buschmännern zu teilen, denen sie den viel weniger schmeichelhaften Namen *San* gaben, was so viel wie »(Vieh)dieb« heißt. Die Buschmänner ihrerseits ließen sich lieber *Houswaanas* nennen. Die Herkunft dieses Wortes ist unklar, wurde aber in Anbetracht des Rufes, den diese wilden Krieger genossen, mit einer gewissen Furcht ausgesprochen.

Heutzutage haben die Ethnologen, um Verwechslungen zwischen diesen verschiedenen Namen zu vermeiden, die Benutzung des Wortes »*Khoisan*« eingeführt, mit dem sowohl die Khoi-Khoin als auch die San gemeint sind. Für den Zeitraum, der uns interessiert – und in dem sich dieser Bericht abspielt –, wird jedoch weiterhin das Vokabular jener Zeit gültig sein. Im vorliegenden Fall kann die »Venus« nur »Hottentottin« sein. Wer würde es wagen, von einer »Khoisan-Venus« zu sprechen?

Es ist daher sinnvoll, die folgenden Ereignisse aus historischer Sicht darzustellen. Dazu stütze ich mich auf Zeugnisse der ersten europäischen Reisenden, achte aber auch darauf, sie im Zusammenhang mit der Geisteshaltung der letzten Jahrhunderte zu betrachten. Wie François-Xavier Fauvelle in seiner Dissertation *Le Hottentot, ou l'homme limite* bestätigt, wurden die Völker der Kapregion vom 15. Jahrhundert an in den Beschreibungen immer wieder als zurückgebliebene Barbaren dargestellt. Kein Wunder, denn die meisten Weißen, die damals ins südliche Afrika kamen, benahmen sich wie Eroberer. Sie empfanden abgrundtiefe Verachtung für diese Völker, Hottentotten, Buschmänner und andere halbnackte »Wilde«.

Erinnern wir uns, dass die Europäer bei ihrem ersten Einfall im Süden Afrikas, Ende des 15. Jahrhunderts, den Kontinent nur gestreift und sich auf die Küstengebiete beschränkt hatten. Die portugiesischen Seeleute, die im Kielwasser von Vasco da Gama und Bartolomeu Diaz diese von ihnen »Kap der Guten Hoffnung« genannten Küsten angesteuert hatten, bevor sie ihre Fahrt in Richtung Indien fortsetzten, hatten sich für das Hinterland nicht besonders interessiert. Die wenigen Eingeborenen, mit denen sie in Kontakt gekommen waren, waren ihnen – wie es in einem Dokument jener Zeit heißt – wie »armselige Barbaren« vorgekommen, »die sich Schafsgedärme um den Hals hängten, die um sie herum einen entsetzlichen Gestank verbreiteten«. Man kann sich vorstellen, dass solch ein Aufzug stürmische Begrüßungen bei der Begegnung mit den Fremden eher verhinderte.

Im Jahr 1648 zerschellte dann ein holländisches Schiff, die *Neuw Haarlem*, an der südafrikanischen Küste. Den Schiffbrüchigen blieb nichts anderes übrig, als auf dem Festland nach Wasser und Nahrung zu suchen. Dabei entdeckten sie phantastische Gegenden, die sie ihren Kameraden, die ihnen einige Monate später zu Hilfe eilten, als Schlaraffenland beschrieben. Bis die Kunde von diesem Zwischenfall in die Niederlande gelangte, war daraus bereits eine wundersame Odyssee geworden. Die einflussreiche Holländisch-Ostindische Kompanie richtete daher 1652 an der Spitze Afrikas in der Tafelbucht einen Anlaufhafen mit dem hübschen Namen »Erfrischungsstation« ein, aus dem auf Betreiben von Jan van Riebeeck später Kapstadt werden sollte und wo die Schiffsbesatzungen auf ihrem Weg nach Indien mit Proviant versorgt werden sollten. Dies war der Beginn der holländischen Kolonisation.

Damit begannen auch die Erkundungsfahrten von weiteren Reisenden, mit dem Ziel, diese Länder am Ende der Welt zu entdecken, welche ihnen der Seeweg in den Fernen Orient eröffnete. Die Franzosen waren nicht die Letzten, die das Abenteuer wagten. Als Henri Chatelain im Jahre 1719 seine Karte der *Coutumes, mœurs et habillement des peuples du cap de Bonne-Espérance* (Gewohnheiten, Sitten und Bekleidung der Völker vom Kap der Guten Hoffnung) veröffentlichte, hatte er überhaupt keine Hemmungen, die Hottentotten als »richtig stinkende und abscheuliche« Wesen zu beschreiben. Es überrascht daher nicht, dass sich 30 Jahre später in der berühmten *Encyclopédie*, einem wahrlich wissenschaftlichen, vom Zeitalter der Aufklärung inspirierten und unter Leitung von Diderot und d'Alembert verwirklichten wissenschaftlichen Projekt, folgende, nicht weniger verächtliche Definition der Hottentotten findet:

> Hottentotten: Das sind Kaffern, die nur leicht gebräunt wären, wenn sie sich die Haut nicht mit Fett und Talg schwärzen würden, das sie mischen, um sich damit einzuschmieren. Sie sind von olivbrauner Farbe, keinesfalls aber schwarz, ganz egal, wie viel Mühe sie darauf verwenden, es zu werden. Ihre Haare, die wegen ihrer entsetzlichen Unsauberkeit zusammenkleben, erinnern an das kotverschmierte Fell eines schwarzen Schafes.

Dazu ist zu bemerken, dass der Begriff »Rassismus« damals nicht existierte. Das Wort tauchte laut Alain Rey erst Anfang des 20. Jahrhunderts auf. Und keiner nahm ein Blatt vor den Mund, wenn es darum ging, seine primitivsten Reaktionen gegenüber andersartigen Menschen zur Sprache zu bringen. Daher sei an dieser Stelle einer der Reisenden, François Levaillant, besonders erwähnt, der bei zwei Aufenthalten innerhalb von drei Jahren das südliche Afrika erforschte und in einer selten menschlichen Art über die Einheimischen berichtete:

> Ein moderner Schöngeist [*schreibt er 1783 (ein drei viertel Jahrhundert vor Darwins Theorien!)*] würde die Zirkel erfreuen, wenn er dem Hottentotten in der Reihenfolge der Lebewesen einen Platz zwischen dem

> Menschen und dem Orang-Utan zuwiese. Ich kann diesem Bildnis nicht zustimmen. Die Eigenschaften, die ich an ihm schätze, können ihn gar nicht derart herabsetzen. Und ich fand sein Gesicht recht schön, weil ich weiß, dass er ein sehr gutes Herz besitzt.

Welch ungewöhnlicher Edelmut, wenn man bedenkt, dass Anfang des 19. Jahrhunderts der bedeutende Geograf Conrad Malte-Brun die Eingeborenen der Kapregion noch mit folgenden Worten beschrieb:

> Die unterste Stufe des Verfalls, auf die die menschliche Spezies sinken kann. Eine Unsicherheit, die sich an ihrer ganzen Art, zu sein und zu handeln, ablesen lässt, weist gleich zu Beginn auf die Verderbtheit ihrer Seele hin.

Ein grausames Urteil! Aber wir werden auf den folgenden Seiten lernen, diese »wissenschaftlichen« Beobachtungen, die sehr oft vom philosophischen und politischen Kontext jener Zeit beeinflusst sind, zu relativieren.

Außerdem muss man wohl zugeben, dass die Beziehungen zwischen den einzelnen Ethnien, die damals das südliche Afrika bevölkerten, auf fremde Beobachter durchaus beunruhigend wirken mussten. Wie sollte man diese Volksstämme zweifelsfrei unterscheiden, die sich bei ihren Wanderungen auf ein und demselben Territorium mal miteinander vermischten oder aber sich feindlich begegneten? Zu den ursprünglichen Hottentotten und Buschmännern hatten sich die Bantu gesellt, die mehrere hundert Jahre zuvor vor der starken Hitze am Äquator geflohen und auf der Suche nach einem milderen Klima nach Süden gewandert waren. Ihre riesige Familie hatte sich in zahlreiche Ethnien geteilt, die sich an unterschiedlichen Orten niedergelassen hatten: Die Zulu, die Swazi und Xhosa (von den Weißen »Kaffern« genannt) besetzten den Südosten der Halbinsel. Die Sotho lebten auf den Hochebenen, die Tsonga im Nordosten.

Im Zuge dieser Wanderungen wurde eine der wichtigsten Hottentottengruppen, die Gona, besiegt und den Bantu einverleibt, was eine noch größere Rassenmischung zur Folge hatte. Auch die Unterschiede zwischen Hottentotten und Buschmännern waren oftmals schwierig zu erkennen. Da diese beiden Völker dieselbe Gegend bewohnten und derselben Sprachfamilie angehörten, hatten sie häufig Kontakt, wobei es auch zu feindlichen Auseinandersetzungen gekommen war. Wenn es wenig Wild gab, zögerten die Buschmänner nicht, über die Herden der Hottentotten herzufallen. Und ihre Giftpfeile verschonten auch die Hirten nicht, die sich lieber zur Wehr setzten, als zu fliehen und ihre Büffel, Ziegen und Schafe im Stich zu lassen. Aber nicht immer verliefen die Begegnungen so kriegerisch. Bei beiden Stämmen kam es je nach den Umständen auch zu Verschwägerungen: Die Buschmänner hatten keine Hemmungen, Hottentottinnen zu entführen, die Hottentotten wiederum revanchierten sich, indem sie sich Buschfrauen nahmen. Es gab so häufig Vermischungen, dass die Weißen es schwer hatten, die Unterschiede zwischen diesen Ureinwohnern und deren Mischlingen zu erkennen. Geschah dies irrtümlich oder aus Verachtung? In den Augen der Weißen war dieses Durcheinander umso unbedeutender, als die Lage im südlichen Afrika Ende des 18. Jahrhunderts ohnehin schon sehr verworren war.

Man darf auch nicht vergessen, dass vor dieser Zeit Hottentotten und Buschmänner durch die holländische Besiedelung bereits in Teilen ausgelöscht worden waren. Die – von den Weißen eingeschleppten – Pocken hatten die afrikanische Bevölkerung dezimiert, so wie bereits 100 Jahre zuvor die Indianer Amerikas, die sich bei den spanischen Eroberern angesteckt hatten. Nach einer relativ ruhigen Zeit, in der Hottentotten und Siedler versucht hatten, voneinander zu profitieren, indem sie Kühe und Ziegen gegen Werkzeuge und allerlei Tand tauschten, war dann ein Dauerkonflikt ausgebrochen, dessen Ursachen vorhersehbar waren.

Van Riebeeck, der Handelsbevollmächtigte der Holländisch-Ostindischen Kompanie, war damals mit mehr Machtbefugnis ausgestattet als ein von den Vereinigten Niederlanden bestellter Gouverneur. Er hatte die Kapregion fest im Griff. Daher beschloss er, ab 1650 Siedlern mit dem Titel Vrijburghers, »freie Bürger«, Ländereien zu bewilligen – eine Freiheit, die auf Kosten der Schwarzen ging. Die Siedler begannen nun tatsächlich, in Gegenden, durch die die Herden der Hottentotten zogen und in denen die Buschmänner jagten, Felder zu bestellen. 1659 erhoben sich die ursprünglichen Bewohner, doch ihre Rebellion endete schnell mit einem Blutbad.

Um dem Gemetzel zu entkommen, wanderten die

Überlebenden eines Hottentottenstammes, die Korana, Richtung Nordosten aus, wo sie mit den Sotho zusammenstießen, die die Flüchtlinge zuerst bekämpften und dann die Überlebenden assimilierten – so wie es die Bantu mit den Gona gemacht hatten. Auch die Nama (oder Namaqua), die ebenfalls zur Familie der Hottentotten gehörten, waren vor den holländischen Siedlern geflohen, und zwar nach Norden in ein Gebiet, das dem heutigen Namibia entspricht. All diese Aufständischen scharten sich um einige Kriegsanführer und leisteten den Angriffen der Siedler, die auf der Suche nach immer neuen Ländereien waren, vorübergehend Widerstand. Ebenfalls nach Norden flohen ganze Scharen von Buschmännern, die die Kämpfe überlebt hatten und nun am Rande der Kalahari-Wüste umherwanderten auf der Suche nach Wild, das dort aber immer seltener wurde.

1720, nach 40 Jahren Krieg, Gemetzel, Raubzügen und Vertreibung, waren die Hottentotten in der Kapregion praktisch völlig ausgerottet worden. Richard Elphick bemerkt dazu:

> Sie wurden bis auf einen kleinen Teil ihrer früheren Bevölkerung vernichtet. Ihre traditionelle Lebensweise ist faktisch untergegangen, und selbst ihre Kultur beginnt zu verschwinden.

Die Überlebenden mussten als Sklaven auf den Höfen der *Buren* (von *Boers*, dem holländischen Wort für Bauern) arbeiten.

Meine Leser haben inzwischen sicher begriffen, dass

es schwierig ist, sich in diesem Gemisch von Völkern zurechtzufinden, die sich je nach Hautfarbe, Rasse und Stammeszugehörigkeit gegenseitig bekämpften. Mal waren sie Opfer, mal Täter, Sklaven und Unterworfene. Der Verbündete von heute wurde zum Feind von morgen. Die Schwarzen sahen in den Weißen blutrünstige Eindringlinge, manchmal aber auch Beschützer, die ihnen eine Überlebenschance boten, indem sie ihnen Nahrung gaben. Dafür mussten sie allerdings ihre Arbeitskraft und ihre Freiheit verkaufen. Die Weißen wiederum betrachteten die Schwarzen als Wilde, deren Schicksal es war, beherrscht, ausgebeutet oder ausgerottet zu werden.

Zwischen Siedlern und Kolonisierten kam es daher zu jener abscheulichen Abhängigkeit, die den Sklaven an den Herrn kettet. Die Sklaverei sollte bald im ganzen südlichen Afrika verbreitet sein, ja sogar religiös begründet werden. So konnte ihr Andries Pretorius, künftiger Präsident der Republik Transvaal, deren Hauptstadt den ruhmreichen Namen Pretoria tragen sollte, später mit folgenden Worten den Weg ebnen: »Die Unterwerfung des Schwarzen unter den Weißen ist gottgewollt.« Es erstaunt daher nicht, dass die Versklavung der Eingeborenen reinen Gewissens geschah – umso mehr, als es bald darauf nicht mehr genügend Arbeitskräfte vor Ort gab, da die Zahl der Menschen durch kriegerische Auseinandersetzungen und Krankheiten vermindert worden war. Man holte sich neue Sklaven ins Land: immer mehr Inder, Madegassen und Malaien wurden von den Buren ausgebeutet.

Doch wer waren diese Buren, die Nachfahren der

ersten holländischen Siedler? Offenbar ziemlich ungehobelte Kerle, wenn man dem Bild glauben will, das der englische Reisende William Baldwin von ihnen zeichnet:

> Sie sind den Kaffern kaum überlegen. Sie kennen nichts außer ihren Fuhrwagen und haben noch nie in irgendein Buch hineingeschaut. Ihre Unwissenheit ist nahezu grenzenlos. Sie kennen nicht einmal die einfachsten Dinge, die allen Kindern in Europa bekannt sind, und stellen einem die widersinnigsten Fragen. In ihrer Freizeit rauchen sie Pfeife und trinken übermäßig viel Kaffee. Ich verstehe nicht, wie sie ihr Dasein ertragen, das sie mit endlosen Jagdberichten ausfüllen, die man bald auswendig kennt. Das ist das Einzige, worüber sie sich auslassen. Nicht zu vergessen ihr Aberglaube, der fast genauso ausgeprägt ist wie der der Hottentotten.

Baldwin, der vorübergehend bei den Buren war und sie auf ihren Jagdzügen begleitete, legt als guter englischer Gentleman Wert darauf, auf den Unterschied zwischen sich und diesen Bauern hinzuweisen. Daher neigt er dazu, in seiner Beschreibung zu übertreiben. So wirft er den Buren zu Unrecht vor, sie hätten noch nie ein Buch aufgeschlagen. Tatsächlich lesen sie nur ein einziges: nämlich die Bibel. Aus ihr schöpfen sie den Trost für das entbehrungsreiche Leben, das sie in diesen wilden Breiten führen – aber auch die Überzeugung, den Schwarzen, die sie schlecht behandeln, überlegen zu sein; denn sie sind, wie wir gesehen haben, davon überzeugt, dass sie von Gott den Auftrag erhalten haben, über diese Barbaren zu herrschen.

Ein weiteres Merkmal der Buren war ihre unersättliche Suche nach neuen Siedlungsgebieten. Aus ihrem engen Holland emigriert, hatten diese Menschen ein außerordentlich großes Bedürfnis nach grenzenlosen Weiten, zweifellos aber auch (und das sei zu ihrer Entlastung gesagt) einen heftigen Freiheitsdrang. Das galt ganz besonders für jene etwa 200 französischen Hugenotten, die 1688 dort eine neue Heimat fanden. Sie hatten ihr Land fluchtartig verlassen müssen, um den Folgen der Aufhebung des Edikts von Nantes zu entgehen. Sehr schnell passten sie sich an die anderen Siedler an. Sie waren umso mehr gezwungen, sich in die holländischstämmige Bevölkerung einzugliedern, als die herrschende Holländisch-Ostindische Kompanie ihnen später den Gebrauch der französischen Sprache untersagte.

Bei den Siedlern herrschten eher raue Sitten. Gleich aus welchem Land sie stammten, sie waren in ihrer Heimat nicht gerade verwöhnt worden. Sie zeigten daher auch keine große Bereitschaft, sich mit den Schwarzen zu verbrüdern. Nur deren Frauen fanden – wenn man so sagen kann – vor ihren Augen Gnade. Skrupellos und auch mit Gewalt nahmen sie von ihnen Besitz, um ihre Sexualität auszuleben und mit ihnen Kinder zu zeugen.

Es bleibt festzustellen, dass sich nur wenige Holländerinnen bereit erklärt hatten, die ersten Buren auf ihrem Siedlungsabenteuer zu begleiten. Daher hatte man den Männern aus Amsterdam ein paar dort angeworbene

Waisenmädchen geschickt. Es waren aber so wenige, dass die Möglichkeit, eine Familie zu gründen, bei vielen Tausenden von Siedlern nicht bestand. Sie hatten es deshalb neben ihrer Kriegsbeute auf junge Eingeborene abgesehen, die ihnen auf den Feldern und im Bett zu Diensten waren.

Wer nun meint, durch diese Rassenvermischung habe sich der Rassenhass abgemildert, irrt sich. Ganz im Gegenteil: Die *Basters* – die so genannten Bastarde –, empfanden diese Bezeichnung keineswegs als Beleidigung, sondern bildeten sich oft sogar noch etwas darauf ein. Viele von ihnen, die stolz darauf waren, dass weißes Blut in ihren Adern floss, beteiligten sich erbarmungslos an der Ausrottung der Schwarzen, weil sie ihren eigenen schwarzen Anteil hassten. Besonders grausam ging es zwischen 1785 und 1795 zu. Aber erst 1836 zog man offiziell Bilanz der Katastrophe. Genau zu diesem Zeitpunkt wurde nämlich dem britischen Parlament ein Bericht vorgelegt, in dem stand, dass von 200 000 Hottentotten, die bei der Ankunft van Riebeecks in der Kapregion gelebt hatten, jetzt nur noch 32 000 übrig waren. Bereits 1797 verurteilte ein englischer Gentleman, Sir Barrow, Generalkommissar der Kolonie vom Kap der Guten Hoffnung, mit folgenden Worten die Gewalttätigkeiten, die die holländischen Bauern an ihren »Dienern« begangen hatten:

> Diese Brutalität erträgt der arme Hottentotte geduldig oder er unterwirft sich ihr. Aber auf den Charakter des Buschmanns wirkt sie ganz anders. Dieser

ergreift die erste Gelegenheit zur Flucht, wobei er oft eine Muskete, Schießpulver und Kugeln mitnimmt. Der Bericht über die Grausamkeiten, die er erlebt hat, treibt ihn zur Rache an.

Die Kunde von dieser Brutalität dringt auch bis ins aufgeklärte Frankreich vor. Später liefert sie Diderot Stoff für sein stürmisches Pamphlet – in seinen *Fragments échappés du portefeuille d'un philosophe* –, in dem er die Eingeborenen zur Revolte aufruft:

> Flieht, ihr unseligen Hottentotten, flieht, dringt in eure Wälder vor! Die wilden Tiere, die dort wohnen, sind nicht so Furcht erregend wie die Ungeheuer, unter deren Herrschaft ihr geraten werdet. Vielleicht zerfleischt euch der Tiger, aber er wird euch nicht das Leben nehmen. Der Mensch wird euch eure Unschuld und die Freiheit rauben. Oder wenn ihr euch mutig genug fühlt, dann nehmt eure Hacken, spannt eure Bögen, lasst auf diese Fremden eure Giftpfeile regnen [...] Aber leider seid ihr ausgeliefert ... Entweder ihr beugt euch ihren verrückten Ansichten oder sie werden euch erbarmungslos niedermetzeln.

Doch nicht alle beugten sich! Einige mutige Hottentotten und Buschmänner revoltierten. Bei ihren Angriffen auf die Farmen der Buren erbeuteten oder stahlen die rebellierenden Schwarzen zahlreiche Waffen und Munition. Die Buren mussten am eigenen Leib erfahren, dass die Buschmänner als Gewehrschützen genauso gut waren wie als Bogenschützen. Bald begannen einige der Buren, unter den Kriegern, von denen sie überfallen worden waren, Söldner anzuwerben, um die Bantu zu bekämpfen, als ein neues Unglück über das Land hereinbrach: die zu trauriger Berühmtheit gelangten Kaffernkriege.

»Kriege« im Plural, denn sie fanden in mehreren Episoden ab 1779 statt. Genau zu diesem Zeitpunkt verließen die Bantu das Gebiet, das sie bewohnten (das heutige Natal) und wanderten auf der Suche nach neuen Territorien in Richtung Südwesten. Getrieben hatte sie der Expansionsdrang der Zulu, die zur selben Gruppe wie sie, nämlich zu den Nguni, gehörten. Doch zur selben Zeit dehnten sich die Holländer auf der Suche nach neuem Siedlungsland nach Nordosten, Richtung Natal, aus. Die Konfrontation zwischen Schwarzen und Buren war unvermeidlich. Zehn Jahre, bis 1789, sollte sie dauern.

Im Laufe dieses Jahres kam die spätere »Venus« zur Welt. Während Frankreich sich auf die Revolution vorbereitete, hatten sich die Schwarzen aus der Kapregion schließlich »gebeugt«, so wie Diderot es vorhergesagt hatte. Um dem Gemetzel zu entkommen, hatten sie sich den Siedlern unterworfen und wollten nur eines: überleben. Sie erklärten sich bereit, für die Buren zu arbeiten, hauptsächlich auf den Farmen, auf den Feldern, zum Vieh hüten und im Haushalt. Vielleicht kam unsere Heldin auf solch einer Farm zur Welt, vielleicht wurde sie zusammen mit ihrer Mutter dorthin gebracht. Diese starb, als das Kind zwei Jahre alt war. Das sind die beiden Hypothesen, die man anhand der spärlichen persönlichen Mitteilungen aufstellen kann, die die junge Frau später machen wird.

War sie wirklich eine Hottentottin, im Sinne des Namens, den die Siedler den Viehzüchtern gegeben hatten? Die Antwort auf diese Frage ergibt sich aus recht merkwürdigen Anhaltspunkten, die die intimste Sphäre dieser Frau betreffen: die berühmte »Hottentottenschürze«. Es handelt sich um eine Anomalie der weiblichen Geschlechtsteile, die in einer Vergrößerung der kleinen Schamlippen besteht. Diese können in bestimmten Fällen länger als die großen Schamlippen werden und ungefähr zehn oder mehr Zentimeter auf die Oberschenkel herabhängen. Diese Tatsache beflügelte natürlich die Phantasien, denn ein sehr stark ausgeprägtes Geschlechtsteil galt als Zeichen von gesteigerter Sexualität. Dieses Phänomen hat mehrere hundert Jahre lang Kontroversen ausgelöst, die den haarspalterischen Auseinandersetzungen über das Geschlecht der Engel in nichts nachstanden. Gewisse Anatomen waren der Ansicht, die »Schürze« sei eine Besonderheit der Buschleute. Ihrer Meinung nach war die Venus, die diese geheimnisvolle »Schürze« besaß, also eine Buschmannfrau. Andere behaupteten hingegen, sie sei ganz gewiss eine echte Hottentottin, da sie selbst gesehen hatten, dass einige dieser Frauen ebenfalls solch eine »Schürze« besaßen.

Ob Hottentottin oder Buschmannfrau, die »Venus« wird heute jedenfalls von den Nachfahren mehrerer südafrikanischer Ethnien für sich beansprucht, die alle gemeinhin Mischlinge sind. In diesem genealogischen Durcheinander scheint nur eines fast sicher zu sein: unsere Heldin war selbst ein Mischling. Ihre Mutter hat wohl einem Stamm von Buschmann-Jägern angehört, während ihr Vater – wie sie später verriet – einer dieser Hottentottenhirten war, der mit seinen Gefährten im Landesinneren Herden zusammentrieb, um sie ans Kap zu bringen. Auf einer dieser Wanderungen wurde er von Buschmännern getötet. Wir werden auf diese Angaben noch zurückkommen.

Schon ganz früh muss das Kind einen dieser Namen gehabt haben, wie sie in der Sprache der Khoi-Khoin üblich waren: *Ungka*, *Tsiko* oder *Satchwe*. Wir wollen sie vorläufig – aus Gründen, die später klar werden – Satchwe nennen. Für das kleine Waisenkind war das Leben sicher nicht sehr leicht. Es lebte in einer Siedlung, dem *Kral*, der aus ringförmig dicht stehenden Hütten gebildet wurde und der in einiger Entfernung zur Farm eines Siedlers namens Peter Caezar stand. Dieser Bauernhof lag abgeschieden auf der Karoo-Ebene, die in Stufen bis zur Küstenebene des Kaps abfällt. Die Schwarzen in den Hütten, die Weißen in den strohgedeckten Gebäuden – hier wurden die ersten Keime für die Rassentrennung gelegt, die die Nachfahren der Buren einmal mit einem Wort aus ihrer Sprache bezeichneten, das aber um die ganze Welt gehen sollte: »Apartheid«.

Satchwe lebte dort mit ihren Geschwistern und muss wohl – wie alle Kinder ihres Stammes – gleichzeitig in das Leben im Busch und in die Bräuche und den Glauben ihres Volkes eingeweiht worden sein. Dieser wurde in Form von Legenden weitererzählt und überliefert und bekundete eine sehr poetische Darstellung der

Weltentstehung. Satchwe lernte, dass der Wind ein Vogel ist, der in einer Berghöhle lebt und den man pfeifen hört, wenn er draußen auf Nahrungssuche geht, bevor er sich zur Ruhe in sein Versteck zurückzieht. Sie war auch ganz entzückt, als man ihr erklärte, dass die Sonne ein alter Mann sei, der nachts das Licht in seiner Achselhöhle behüte und jeden Morgen den Arm hebe, um die Welt um sich herum zu erleuchten. Aber ihre Tante Dikai erzählte ihr auch, wie ihre Mutter starb und warum alle Menschen sterblich sind:

> Am Anfang der Zeiten lebte der Schöpfer – Quamata – unter den Menschen auf der Erde. Eines Tages nahm er sich eine Frau, die jedoch bald erkrankte. Da machte sich der Schöpfer auf, um Kräuter und Insekten zu suchen, die er zu Pulver zerstoßen wollte, um Arzneien daraus zuzubereiten. Zuvor sperrte er seine Frau in eine Höhle und wies diejenigen, die auf sie aufpassen sollten, an, sie nicht zu beerdigen, falls sie sterben sollte. Nun starb aber seine Frau. Und die Menschen, die beim Anblick der Leiche das Entsetzen packte, beschlossen, sie zu bestatten. Als der Schöpfer zurückkam, wurde er ärgerlich und verkündete, dass er, hätte man ihm gehorcht, seine Frau wieder zum Leben erweckt und auch all jenen, die bei ihr waren, sowie deren Nachkommen die Macht verliehen hätte, wieder ins Leben zurückzukehren, falls sie sterben sollten. »Von jetzt an«, sagte er zu ihnen, »werdet ihr alle sterblich sein!« Dann ließ er sie auf der Erde zurück und begab sich wieder in den Himmel.

Deshalb lernte Satchwe, den Tod als Bestrafung zu betrachten. Sie verstand auch, dass sie all jene Verschwundenen fürchten musste, deren Geister sich plötzlich, zu jeder beliebigen Tageszeit, an sie erinnern konnten und dann ihre Haut streiften oder ihr nachts in ihren Träumen erschienen. Genau deshalb erinnerte ihre Tante sie daran, dass man beim Tod ihrer Mutter ein Zicklein geopfert hatte, um die Familie zu reinigen. Alle Angehörigen waren nacheinander am Grab vorbeigegangen und hatten eine Hand voll Futter aus dem Magen des Tiers hineingeworfen mit den Worten: »Lass uns in Frieden schlafen. Komm nicht zurück, um uns im Schlaf zu verfolgen.« Auch die kleine Satchwe hatte dies getan. Natürlich war sie damals noch zu jung, um sich daran zu erinnern, aber sie hatte das Gefühl, für immer von dieser Magie durchdrungen zu sein, die jedem Afrikaner vertraut ist und die in einer Vielzahl von Dingen zum Ausdruck kam, die den Weißen nicht einmal auffielen.

Die Jahre vergingen, und das Kind hatte immer weniger Zeit, seinen Träumen nachzuhängen. Während Männer und Frauen auf dem Hof, den Plantagen und den Viehweiden arbeiteten und unter den Beleidigungen und Schlägen der Buren aufbegehrten, half Satchwe den alten Frauen beim Pflücken von Kräutern und Tamariskensamen, aus denen man Kerzen fertigte, die als Lichtquelle dienten. Sie sammelte auch alle essbaren Pflanzen, denn die Bauern waren geizig, was die Verteilung von Essen betraf. Besser verließ man sich auf die Ziegenmilch und die wenigen Kleintiere, die die Jäger von der für die Herren bestimmten Wildbeute abzweigen konnten. Ein deutscher Reisender namens Peter Kolb berichtet bereits Anfang des 18. Jahrhunderts, dass sich die Schwarzen auch an sonderbaren »Leckereien« wie Heuschrecken und Termiten erfreuten. In Wirklichkeit trieb sie der Hunger und nicht die Esslust dazu, diese Insekten zu verzehren, die ihnen die Weißen natürlich nicht streitig machten. Ganz anders war es mit dem *keo*, dem wilden Honig, den man den Bienen stehlen musste und von dem die Schwarzen nur dann kosteten, wenn sie sich die von den Stichen schmerzenden Finger ableckten. Die Herren hingegen taten sich löffelweise daran gütlich, ohne sich dem Risiko beim Sammeln auszusetzen.

Diese Versklavung ohne Ketten war nur scheinbar Freiheit. Hin und wieder – berichtet Leutnant Patterson, der bei einem Aufenthalt auf einer dieser Farmen Zeuge eines dieser Zwischenfälle wurde – floh ein junges Stammesmitglied und wurde wieder zum Nomaden:

> Von seinem Sklavenleben angewidert merkt er, dass sein Wille erloschen ist. Es nimmt daher nicht wunder, dass er alles dafür tut, um seine Freiheit durch Flucht wiederzuerlangen. Was aber ganz außergewöhnlich scheint und die gesamte Aufmerksamkeit des Philosophen* erregt, ist, dass diese armen Unglückseligen bei ihrer Flucht nichts mitnehmen, was ihnen nicht gehört.

* »Welches Recht hätte mein Sklave gegen mich, da doch alles, was er hat, mir gehört?«, J.-J. Rousseau, *Der Gesellschaftsvertrag* (§ IV).

Überlassen wir Leutnant Patterson die Verantwortung für seine wohl meinenden Kommentare, zu denen ihn wahrscheinlich die unbedarfte Lektüre von Rousseaus Theorien über den »guten Wilden« inspiriert hat. Höchstwahrscheinlich wollte sich der Flüchtende nicht mit ein paar armseligen Gegenständen belasten, die ihm auf seiner Flucht hinderlich werden konnten. Andererseits haben wir gesehen, dass er durchaus auch Waffen an sich nahm, die er später oft gegen die Siedler richtete. Diese Fluchten gaben den Herren Grund zu Vergeltungsmaßnahmen, die exemplarisch sein wollten. Vor allem der Waffendiebstahl wurde bestraft. Verlockend war die Flucht für die meisten Männer und Frauen kaum. Sie akzeptierten ihre Knechtschaft, die zwar demütigend war, ihnen aber längst nicht so viel Angst einjagte wie die Einsamkeit angesichts der zahlreichen Gefahren, die im Busch lauerten. Daher lieferte der geschönte Bericht von der Heldentat der Flüchtenden noch lange Zeit Stoff für den Klatsch und die Träume derer, die zurückblieben.

Ob wohl auch die junge Satchwe solchen Träumereien nachhing? Das Leben, das in ihr erwachte, beschäftigte sie sicher mehr als die Außenwelt. Im Alter von etwa zwölf Jahren nahm sie trotz der kargen Ernährung plötzlich zu. Ihre Formen wurden fester und kompakter, vor allem ihr Gesäß. Dann machten sich andere grundlegende Veränderungen an ihrem Körper bemerkbar. Sie war inzwischen geschlechtsreif geworden und musste das Ritual vollziehen, das ihre Tante ihr beigebracht hatte. Zunächst sonderte sie sich mehrere Tage vom Kral ab.

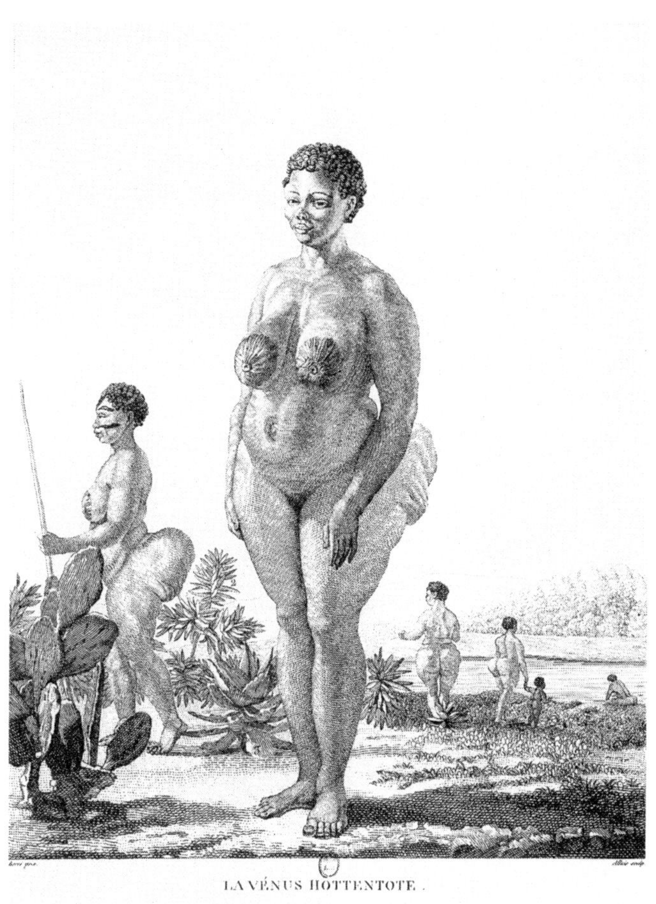

»Ihre üppige Leibesfülle zog die immer aufdringlicher werdenden Blicke der jungen Männer auf sich.«

Sie saß auf einer Lederdecke mit einer Hand voll getrockneter Kräuter zwischen den Beinen, die das Blut ihrer ersten Regel auffangen sollten. Sie weinte lange, denn ihre Einsamkeit und die Geräusche der Nacht machten ihr große Angst. Als dann das lang erwartete Gewitter losbrach, begann sie – wie man ihr aufgetragen hatte –, nackt durch den Regen zu laufen. Dies sollte ihre spätere Fruchtbarkeit garantieren. Am nächsten Morgen erzählte ihr die alte Dikai ausführlich mit eintöniger Stimme, wie Kinder gemacht wurden und wie Frauen niederkamen, nämlich in der Hocke über einem Loch im Boden.

Von nun an gehörte Satchwe zu den heiratsfähigen Mädchen. Sie lernte, wie man aus dornigen Zweigen, die man von den Büschen abriss und ineinander flocht, eine leichte Hütte baut, ohne sich die Hände blutig zu reißen. Sie lernte, ein Feuer zu entfachen, indem sie ein Stück Holz zwischen den Handflächen drillte, und lernte, Essen zu kochen, ohne dabei die Hütte in Brand zu setzen. Sie wusste, dass die Jungen sie bei der Erledigung dieser Aufgaben beobachteten und der kleinste Fehler Anlass zu nicht enden wollenden Spötteleien gab.

Aber Satchwe war intelligent und geschickt. Und fröhlich. Sie hatte schnell gelernt, der *goura* Töne zu entlocken, einem merkwürdigen Instrument, das dem Bogen, der Jagd- und Kriegswaffe der Buschmänner, ähnelte. Wenn man die Saite vibrieren ließ, an der eine Feder befestigt war, die man zwischen den Zähnen hielt, brachte dieses waffenähnliche Gerät hübsche heitere Töne hervor. Satchwe beherrschte dieses Instrument gut. Man bat sie oft, bei einem Unwetter darauf zu spielen, um den Blitz zu beschwören und auch um die Tänze zu begleiten, die in jener Zeit der Sklaverei und des Elends selten geworden waren.

Denn die großartigen Feste von einst gab es nun nicht mehr. Die Missionare hatten die weißen Siedler dagegen aufgebracht, weil sie sie für »absolut obszön« hielten. Man muss wohl zugeben, dass einige tatsächlich schockierend auf Puritaner wirken mussten, zum Beispiel der »Tanz des Häuptlings«: die Frauen bildeten einen Kreis um den Stammesführer und wackelten im Rhythmus der Trommeln mit dem Hintern und den Brüsten. Sie nahmen umso aufreizendere Posen ein, als das Ziel des Tanzes für den Häuptling darin bestand, diejenige auszuwählen, die von all den Schönen seine Begierde am stärksten erregt hatte. Hatte er seine Wahl getroffen, stürzte er sich auf die Tänzerin, die sich am besten hervorgetan hatte, und nahm sie sofort, vor aller Augen, in Besitz. »Dabei macht er mit ihr«, wie Victor Ellenberger taktvoll bemerkt, »das, was in den zivilisierten Gesellschaften ausschließlich der intimsten Privatsphäre vorbehalten ist.« Die Missionare, die sich auf den weltlichen Arm der Siedler- und Zivilisationsmacht stützten, hatten den Häuptlingstanz daher unverzüglich verboten. Abgesehen davon gab es bald keine Häuptlinge mehr, denn die Siedler hatten sie ausgerottet.

Doch die rituellen Tänze bestimmten weiterhin, wenn auch nur sporadisch, den Rhythmus des Stammeslebens. Hier tat sich Satchwe hervor, wie alle jungen Mädchen ihres Alters. Der Tanz war Ausdruck ihrer Jugend, des

Lebens, das in ihr pulsierte wie das Blut in ihren Adern. Sie konnte sich damals nicht vorstellen, dass der Tanz – dieser überschwängliche Ausdruck von Freiheit – für sie eines Tages zu einem entwürdigenden Zwang werden würde.

Sie muss wohl 15 Jahre alt gewesen sein, als ihr ausladendes Hinterteil und ihre Hüften, die ohnehin schon sehr üppig waren, noch durch die Wölbung ihrer Lendenwirbelsäule betont wurden. Der Fetischpriester, ein Freund ihrer Tante Dikai, sah in dieser Verwandlung die Rache eines erzürnten Verstorbenen. Um diesen auszutreiben, ließ er über Satchwes Körper mit Hühnerblut vermischte Milch fließen, wobei er fortwährend Beschwörungsformeln rückwärts sprach. Wird sich die junge Afrikanerin an diese Besänftigungszeremonie zur Stunde ihres eigenen Todes, kcine zwölf Jahre später, erinnern? Das bleibt eines ihrer Geheimnisse.

Fürs Erste stellte sie fest, dass ihre Leibesfülle die immer aufdringlicher werdenden Blicke der jungen Männer auf sich zog. Sie selbst war für die Körpermerkmale dieser Jungen nicht unempfänglich, über die uns ein aufmerksamer – und vielleicht lüsterner – Beobachter berichtet: »Ihr Penis ist immer halb erigiert.«

Aber für Satchwe war der Zeitpunkt noch nicht gekommen, sich mit einem Mann zu vereinigen. Wie in zahlreichen anderen Gesellschaften wurden diese Angelegenheiten von den alten erfahrenen Frauen geregelt, wenngleich das junge Mädchen bei der Wahl eines Bewerbers auch ein Wörtchen mitzureden hatte. Letzterer hatte seinerseits bei der Wahl seiner künftigen Gefährtin eine gewisse Entscheidungsfreiheit. War aber die Vereinbarung erst einmal zustande gekommen, durfte er sich keinen Fehltritt mehr erlauben. Polygamie gab es selten und Ehebruch war völlig tabu. Dieses Verbot war umso strikter, als die Ehefrauen, wie wir weiter unten sehen werden, eifersüchtig darüber wachten, dass diese Treueregel eingehalten wurde.

Plötzlich überlegten es sich die jungen Männer zweimal, bevor sie sich dazu entschlossen, sich zu binden. Glücklicherweise ließ ihnen der Brauch vor dem endgültigen Schwur eine letzte Chance, einen Rückzieher zu machen. Während einer Art Vorzeremonie stellte die Familie des jungen Mädchens den Jungen auf die Probe, indem sie mit Stöcken auf ihn einschlug. Hielt er stand, war die Heirat beschlossen. Nahm er Reißaus, wurde die Verlobung gelöst. Diese Zeremonie war zweifellos rein symbolisch und die Schläge ebenso. Aber sie boten dem jungen Mann ein – zugegeben wenig ehrenhaftes – Hintertürchen, das gleichwohl von Nutzen war, auch weil zu jener Zeit Hottentotten und Buschmänner anscheinend sehr freizügige Sitten hatten. Ein Mädchen und ein Junge brauchten nur Lust aufeinander zu haben, um unverheiratet zusammenleben zu können, bis sie sich trennten, weil sie der Sache überdrüssig wurden. Dann wechselten sie möglicherweise den Partner. Das gefährdete eine spätere Heirat keineswegs, die, wie wir oben gesehen haben, vor der ganzen Gemeinschaft feierlich mit einem Treueschwur besiegelt wurde.

Dies alles geschah offenbar ohne Verlegenheit, vielmehr mit einer Einfachheit, die Levaillant als »wild« in der damaligen Bedeutung des Wortes beschreibt, also als einen Naturzustand:

> Ich wage zu behaupten [*schrieb er*], dass man, wenn es einen Flecken auf der Erde gibt, wo Anstand in Benehmen und Sitten noch geehrt wird, ihn bei den Wilden suchen muss. Die Liebe ist für sie nur ein ganz natürliches Bedürfnis. Sie haben sie nicht wie in den zivilisierten Ländern zu einer stürmischen Leidenschaft gemacht, die Liederlichkeit und Verwüstung nach sich zieht.

Diese bukolische Vision des Gefühlslebens der »Wilden« scheint – wie zuvor die von Rousseau beeinflussten Worte Leutnant Pattersons – bei Levaillant stark von seiner Lektüre der exotischen Idylle von *Paul und Virginie* inspiriert zu sein. Diese Romanze von den Wirren in Übersee, erdichtet von Bernardin de Saint-Pierre, der sich 1771 selbst am Kap aufgehalten hatte, wurde nämlich genau zur selben Zeit veröffentlicht. Will man dem Zeugnis von Victor Ellenberger – dem Missionar, der lange Zeit im Kontakt mit den Hottentotten und Buschmännern gelebt hat – glauben, so waren diesen Völkern wie jeder anderen Gesellschaft die Qualen der Leidenschaft ebenfalls bekannt, und zwar in einem solchen Maße, dass die Männer ihren Frauen lieber treu blieben, als den Zorn ihrer Eifersucht auf sich zu ziehen. Das war eine kluge Einstellung, zumal Ehebruch manchmal mit dem Tod bestraft wurde.

Satchwe sollte von diesen Ehequalen nichts erfahren.

Sie machte zwar bestimmt ihre ersten Liebeserfahrungen mit einigen gleichaltrigen Partnern, doch mit 19 Jahren war sie immer noch nicht verheiratet. Es hatte nämlich eine wichtige Veränderung ihrer Lebensumstände stattgefunden. Bereits seit mehreren Monaten hatte man sie und ihre vier Schwestern von den Feldarbeiten abgezogen und zu Hausarbeiten auf die Farm von Peter Caezar abberufen. Kaum hatte die junge Frau diese neue Rolle übernommen, wurde sie von ihren Herren sofort neu getauft. Aus »Satchwe« wurde »*Saartjie*« (die holländische Form von »Sarah«), weil man diesen Namen vermutlich leichter aussprechen konnte. Doch damit bekam sie auch eine neue Identität.

Um die gleiche Zeit war die Verwandlung, die sich am Körper des jungen Mädchens seit der Pubertät vollzog, abgeschlossen. Die Rundungen ihrer Hüften hatten sich zu äußerster Üppigkeit entfaltet. Für die europäischen Anthropologen, die sich mit diesem Phänomen beschäftigt haben, handelt es sich um *Steatopygie* oder »Hypertrophie des Fettgewebes«, also um eine dicke Fettschicht, die die Gesäß- und Oberschenkelmuskeln bedeckt. Lange glaubte man, dass dieser Fettvorrat es diesen Frauen erlaubte, in Hungerzeiten die Kinder weiterhin zu stillen. Tatsächlich sollte Raoul Hartweg 1962 feststellen, dass dieses Fett keinesfalls vom Organismus benutzt wird und vollständig erhalten bleibt, wenn die Frauen, die davon betroffen sind, abmagern. Diese Masse kann bei einigen von ihnen bis zu 30 Kilo wiegen. Levaillant wiederum, offenbar ein sehr genauer Beobachter, beschreibt dies noch anschaulicher:

> Dieser verlängerte Steiß ist eine Fettmasse, die bei jeder Körperbewegung ganz eigenartige Schwingungen und Wellenbewegungen vollführt. Die Mütter tragen ihre Kinder auf dieser Kruppe. Sie halten sich darauf aufrecht wie ein Jockey hinter einem Einspänner.

Diese ungewöhnliche Körperbildung war bei den Buschleuten nichts Außergewöhnliches. Zumindest gab es sie öfter als bei den Hottentotten. Sie verlieh den Frauen, die damit ausgestattet waren, eine Art Ansehen, das vom Aberglauben beeinflusst war. Dies erklärt das Zauberritual, das einige Jahre zuvor an Saartjie vollzogen worden war. Von nun an fand sie sich bestens mit dieser Eigenheit ab, und zwar umso mehr, als diese ihr eine besondere Aufmerksamkeit vonseiten ihres Herrn, Peter Caezar, und dessen Familie einbrachte. Kurz, Saartjie, die bis dahin in der Masse der Dienerinnen des Bauern untergegangen war, hatte plötzlich das Gefühl, beachtet zu werden.

Und genau dieser Umstand, nämlich ihr eigenartiger Körperbau, sollte das weitere Schicksal der jungen Schwarzen bestimmen, wie ihr erst viel später bewusst werden sollte. Was ihr damals Sorgen bereitete, war eine andere Besonderheit ihres Körpers, die ganz versteckt und geheim war und die sie sorgfältig und mit ängstlicher Scham verbarg: die berühmte »Schürze«. Es handelt sich dabei, wie wir gesehen haben, um eine Besonderheit der Geschlechtsteile, nämlich um eine Verlängerung der kleinen Schamlippen, die aus der Vulva heraushängen.

Seit Anfang des 16. Jahrhunderts übertrieben die Reisenden, die sich brüsteten, diese Laune der Natur mit eigenen Augen gesehen zu haben, deren Proportionen in ihren Erzählungen. Im Jahr 1707 behauptete François Leguat, aller Wahrscheinlichkeit zum Trotz, er habe »eine Art Unterrock« gesehen, »der die Frau von der Taille bis zu den Knien bedeckt«. Daher rührt vermutlich der Ursprung des Wortes »Schürze«, mit dem man etwas bezeichnet, das, bescheidener formuliert, lediglich ein »Anhängsel« ist. Später wollte auch Levaillant, dessen Neugier eindeutig keine Grenzen kannte, das Geheimnis der Schürze aufklären. Mit dem für ihn typischen Fingerspitzengefühl erzählt er, wie er zu diesem Zweck versuchte, eine Hottentottin zu verführen. Vergeblich. Deshalb musste er die Eltern der jungen Frau einschalten – und vermutlich ein paar Geschenke verteilen –, damit die Dame einwilligte, sich untersuchen und zeichnen zu lassen:

> Verwirrt, verlegen, aufreizend und das Gesicht mit beiden Händen bedeckend, gestattete sie mir daraufhin, in aller Ruhe das zu bewundern, was der Leser selbst auf der originalgetreuen Kopie sehen wird, die ich davon angefertigt habe.

Levaillant, den eine derart gründliche Beobachtung seines Subjekts ganz offensichtlich verwirrte, versteigt sich dazu, sich das Erstaunen eines Liebhabers vorzustellen, der plötzlich das sonderbare Geschlecht seiner Schönen entdeckt. Und er bricht in Gelächter aus:

> Ja, lieber Leser, schon beim Anblick der berühmten Schürze würde selbst dem abscheulichsten Libertin jeder Gedanke an eine unsittliche Attacke vergehen. Und er überspielt seine übersteigerten Bedürfnisse und lässt dem Taumel zügellosester Leidenschaft ein nicht enden wollendes Gelächter folgen.

Der wackere Levaillant hingegen hat sich wohl mit einem Lächeln begnügt, als er die Fortsetzung seiner peinlich genauen Untersuchung beschrieb. Er erklärt mit elegant ironischen Worten, weshalb er der Versuchung erlag:

> Da meine Hottentottin im Verlauf meiner Studien bereitwillig ihre Schamhaftigkeit geopfert hat, würde man es für kindische Entsagung halten, wenn ich mich noch länger zurückgehalten hätte. Skrupel sind fehl am Platz, wo es von Natur aus gar kein Schamgefühl gibt.

Kurz, unser amateurhafter Naturforscher gibt schließlich trotz seiner vorsichtigen Umschreibungen zu, dass er seine Hottentottin bestiegen hat. So erklärt sich auch seine Verwirrung, die ganz offensichtlich seine mangelhaften anatomischen Kenntnisse völlig durcheinander bringt:

> Die Schürze ist nur eine Verlängerung, nicht der kleinen, sondern der großen Schamlippen der weiblichen Geschlechtsteile.

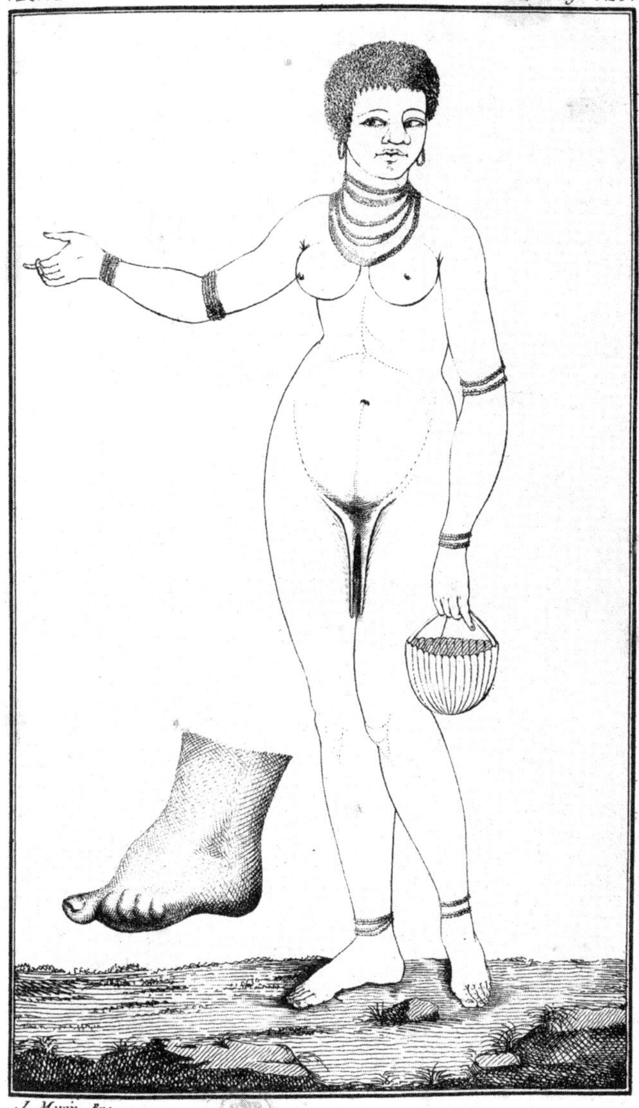

Hottentote, observée par Levaillant, et pied d'une Chinoise.

Ein völliger Irrtum! Neuere Beobachtungen sollten später zeigen, dass diese Besonderheit der Geschlechtsteile vielmehr eine Dehnung der kleinen Schamlippen ist. Und was soll man davon halten, wenn Levaillant (ebenso fälschlich) erklärt, wie diese Schürze entsteht?

> [Dieses Fleisch] leiert nämlich durch Reiben und Ziehen aus. Überflüssiges Gewicht vollendet dann den Rest.

Seltsamerweise meint der Franzose in der Schürze das Ergebnis einer Art Schönheitsmanipulation zu sehen, wie bei anderen schwarzen Völkergruppen die Tellerlippen.

In späterer Zeit führten gewisse Beobachter die Schürze dann auf lüsterne sexuelle Praktiken zurück. Im Jahr 1872 behauptete der deutsche Naturforscher Gustav Fritsch, die Schürze der Hottentottinnen sei die traurige Folge der Masturbation. Das ist pure Verleumdung! Jeder wird schließlich zugeben müssen, dass sich an diesem Argument vor allem die Perversität jener zeigte, die sich diese überflüssigen Erklärungen ausgedacht hatten.

Jedenfalls hatten die meisten europäischen Reisenden, Levaillants Beispiel folgend, nach ihrer Ankunft im südlichen Afrika – angeblich darauf bedacht, den Fortschritt der Wissenschaft voranzutreiben – nichts Eiligeres zu tun, als bei einigen Hottentottinnen oder Buschmannfrauen den Lendenschurz hochzuheben, um zu überprüfen, wie die Schürze nun tatsächlich aussah.

Und so legen Ende des Jahres 1800 François Péron und Charles-Alexandre Le Sueur – beide Mitglieder einer französischen Expedition, die an Bord der Schiffe *Le Géographe* und *Le Naturaliste* unterwegs war – am Kap der Guten Hoffnung an.

Bei ihrer Ankunft begeben sich die beiden Männer in ein Krankenhaus der Stadt, das ausschließlich Schwarzen offen steht. Ein Arzt, Dr. Raynier de Klerck-Dibbetz, gestattet ihnen, mehrere Frauen zu untersuchen. Péron hält die Beobachtungen schriftlich fest und Le Sueur fertigt Zeichnungen an.

Beide legen einen in Bezug auf Detailtreue unbestrittenen wissenschaftlichen Eifer an den Tag, indem sie bestätigen, dass die Schürze sehr wohl die Folge einer Vergrößerung der kleinen Schamlippen ist.

Das Verblüffendste am Bericht der beiden Gelehrten ist jedoch, dass sie, um die Richtigkeit ihrer Beobachtungen zu untermauern, die Aussagen ihrer Reisegefährten heranziehen. Das sind mir Experten!

> Alle Details, die zu präsentieren ich die Ehre habe [*schreibt Péron*], sind nicht ausschließlich von meinem Freund Le Sueur und mir beschrieben worden. Die Einzigartigkeit derartiger Beobachtungen war zu reizvoll, als dass sie nicht die Neugier der meisten Personen erregt hätte, die der Offiziersbesatzung unseres Schiffes angehörten. Fast allen unseren Offizieren ist es an verschiedenen Orten gelungen, einen Blick auf diese Missbildung zu werfen. Mein Freund L'Haridon, der Arzt der Korvette, hat höchstpersön-

> lich ganz besondere Beobachtungen zu der Art von Orgasmus gemacht, zu denen dieser Körperteil fähig sein soll.

In dem Text steht nicht, mit welcher »ganz besonderen« Methode Dr. L'Haridon den Orgasmus bei den Frauen auslöste, die die geheimnisvolle »Schürze« besaßen. Man könnte daher vermuten, dass die »Wissbegierde« der französischen Offiziere, die an der Expedition teilnahmen, weniger mit einem wissenschaftlichen Experiment als vielmehr mit den üblichen Zerstreuungen einer Horde Matrosen bei der Zwischenlandung zu tun hatte.

Die wirklichen Gelehrten aber müssen gewusst haben, dass die Vergrößerung der kleinen Schamlippen, die – bereits seit der Antike – in mehreren Gegenden der Welt festgestellt wurde, griechische und römische Schriftsteller, namentlich Plinius den Älteren, zu oft recht anzüglichen Kommentaren veranlasst hatte. Die erstaunlichste Geschichte über die Schürze verdanken wir aber dem Schotten James Bruce. 1791 berichtet er, in Abessinien würden den jungen Mädchen die kleinen Schamlippen herausgeschnitten, weil man verhindern wolle, dass die Schürze den Koitus und damit die Fortpflanzung behindere. Dieser Brauch hatte bei portugiesischen Missionaren Entrüstung hervorgerufen, die im 16. Jahrhundert die Abessinier zum Christentum bekehrt hatten. Die guten Padres hatten diese barbarische Praktik sofort bekämpft, und sogar mit Erfolg: Die zum Katholizismus übergetretenen Abessinier hatten schließlich auf das Entfernen der kleinen Schamlippen verzichtet. Aber welche Überraschung: Bald fanden ihre jungen Mädchen keine Ehemänner mehr. Die Männer machten sich nämlich Sorgen, dass die verflixte Schürze, die ihnen bei ihren meisterlichen Fortpflanzungsaktionen bekanntermaßen im Weg war, bei ihren künftigen Ehefrauen wieder vorhanden sein würde. Ziemlich ratlos beschlossen die Missionare, die Oberen in Rom zu verständigen. Bald darauf bekamen sie Besuch von einem Chirurgen, den das »Kollegium zur Verbreitung des Glaubens« abgeordnet hatte. Nachdem dieser »hochgelehrte« Arzt ganze Scharen von Frauen und jungen Mädchen untersucht hatte, legte er dem Vatikan einen ausführlichen Bericht vor. Der Papst, der von diesen Beobachtungen in Kenntnis gesetzt wurde, gab einige Monate später seine Einwilligung, diese abscheuliche Sitte der Exzision wieder einzuführen!

Anders als in Abessinien wurde die Liebesglut der Hottentotten und Buschleute offensichtlich nicht von der Schürze ihrer Gefährtinnen beeinträchtigt. Letztere mussten niemals auch nur die geringste Verstümmelung über sich ergehen lassen. Bei den Männern sah es anders aus. Es scheint nämlich, dass die Buschleute – zumindest einige ihrer Stämme – als Zeichen der Zugehörigkeit einen Hoden entfernt hatten. In dieser Sitte sah Diderot später ein Ritual, das mit der Beschneidung vergleichbar war, die man in anderen Gesellschaften beobachtet hatte.

Aber wir wollen nun wieder auf Saartjie zurückkommen. Wie die meisten ihrer Geschlechtsgenossinnen fand sie sich ergeben mit ihren sonderbaren Geschlechtsteilen ab. Den Aussagen nach zu urteilen, anhand derer wir ihre Persönlichkeit später noch besser verstehen können, war die junge Frau von intelligentem und sehr sanftem Wesen. Georges Cuvier, der berühmte Wissenschaftler, bezeichnete sie als »willfährig« und wusste, wie wir noch sehen werden, ihre Heiterkeit zu schätzen. Aber wir wollen den kommenden Ereignissen nicht vorgreifen.

Zu Beginn des 19. Jahrhunderts war Saartjie wie ihre Schwestern noch mit den anderen Dienerinnen auf Caezars Bauernhof vereint. Den ganzen Tag lang erledigte sie die zahlreichen Hausarbeiten, sammelte Reisig für das Feuer, schleppte Wasservorräte in Straußenei-Schalen und zerstampfte die Mohrenhirse, die man fürs Brotbacken benötigte … Abends war es oft sie, die vor dem Schlafengehen in die Mitte des Wohnzimmers einen Bottich stellte, in dem sie der ganzen Familie die Füße wusch, zuerst Peter Caezar und seiner Frau – oder zuerst den Besuchern, wenn ein Reisender oder ein Jäger am Hof Halt machte.

So hatte Saartjie oft die Ehre, Peters Bruder Hendrick Caezar die Zehen zu reinigen, der hin und wieder vom Kap kam, um mit den Siedlern Handel zu treiben. Wer ihn kannte, beschrieb ihn als groß und bärtig, durchtrieben und großmäulig. Bei jedem seiner Besuche richtete Hendrick – im Gegensatz zu anderen Gästen – das Wort an Saartjie, stellte ihr Fragen und machte ihr – nicht ohne Herablassung – Komplimente für die wenigen Worte, die sie in holländischem Dialekt stammelte. Dann lachte sie geschmeichelt, mit der unterwürfigen Zurückhaltung, die ihre soziale Stellung ihr vorschrieb.

Zu Beginn des Sommers 1807 bei einem neuerlichen Besuch von Hendrick auf dem Hof änderte sich das Schicksal der jungen Afrikanerin schlagartig. Eines Abends teilte Peter ihr beim rituellen Fußbad mit, sie werde bald ans Kap gehen, um sich dort um Hendricks Kinder zu kümmern. Saartjie blieb nichts anderes übrig, als diesem Plan zuzustimmen. Einige Wochen später teilte Peter ihr mit, dass sie ihn mit zwei ihrer Schwestern auf einem für Hendrick bestimmten Viehtransport begleiten werde.

Es war eine lange Reise, die sich im Rhythmus der Rinder dahinzog, die vor der Herde die Karren zogen. Saartjie musste wie die anderen Schwarzen, die an diesem Gewaltmarsch teilnahmen, beim Treiben des Viehs und bei der Bereitung der Ruhelager helfen. Sie hatte also kaum Zeit, ihrer Phantasie freien Lauf zu lassen, außer nachts, wenn sie die Sterne befragte und schließlich über den Fragen einschlief, die unbeantwortet blieben.

Am neunten Tag, nach der anstrengenden Überquerung der Karoo-Ebene, war die Reise zu Ende. Nach einer Woche Erholung machte sich Peter Caezar auf den Heimweg. Saartjie sah ihn nie wieder. Sie hatte keine Ahnung, dass sie Gegenstand einer heimlichen Absprache zwischen den beiden Brüdern war. Von jetzt an sollte Hendrick ihr einziger Herr sein.

Hendrick Caezars Hof lag drei oder vier Kilometer von den ersten Häusern Kapstadts entfernt, das sich halbkreisförmig auf den Hängen des Tafelbergs und des Löwenbergs ausbreitete. Um Hendricks Anwesen, das nach dem Vorbild der Pontoks, der charakteristischen einheimischen Gebäude, errichtet war, wehte Meeresluft. Für unsere Heldin, die nur den fahlgelben Wind der Savanne kannte, war das ein neuer Sinneseindruck. Aber an manchen Tagen trug die Meeresbrise leider auch abscheuliche Ausdünstungen von der Hafengegend hinauf, wo die Abfälle der Metzgereien abgeladen wurden, die die Schiffe der Holländisch-Ostindischen Kompanie versorgten. Saartjie entdeckte auch, wie sich Wolken zusammenballten und schreckliche Orkane aufzogen, die mit jedem Wirbelsturm die Schilfdächer herunterzureißen drohten, mit denen damals noch zahlreiche Häuser der Stadt gedeckt waren.

Ganz mit den zahlreichen Pflichten beschäftigt, die ihr oblagen – als ob die Beaufsichtigung von Hendricks Kindern nicht schon anstrengend genug gewesen wäre! –, hatte die junge Dienstmagd anscheinend wenig Gelegenheit, in die Stadt zu gehen, obwohl der belebte Markt und die Gebäude rund um den großen, baumgesäumten Paradeplatz, auf dem die Leute gern spazieren gingen, ihre Neugier geweckt hatten. Aber dort war sie auch von den Matrosen und den malaiischen oder madegassischen Sklaven, denen man auf den breiten Straßen begegnete, verspottet worden, die sich über ihre außergewöhnliche Figur lustig machten. Hinter der Einfriedung des Anwesens fühlte sie sich letztlich besser behandelt, ja sogar besser beschützt. Unwissentlich wurde sie durch den Genuss von Tabak und Alkohol – zwei Mittel, mit denen die Siedler besser als mit Ketten die Gefügigkeit ihrer Diener sicherstellten – im wahrsten Sinn des Wortes ihrer Freiheit beraubt.

Levaillant hat diesen dämonischen Vorgang, den er selbst miterlebt hat, sehr treffend beschrieben:

> Von diesem Moment an gab es keine Freiheit mehr, keinen Stolz, keine Natur, keine Menschen. Diese unglückseligen Wilden, die man mit einer Tabakpfeife oder einem Glas Branntwein geködert hat, entfernen sich so wenig wie möglich von der Quelle, die sie damit versorgt.

So folgte auf die Kolonisation des Landes auch die von Körper und Geist. Die von den Buren eingesetzte Methode hatte sich, zumindest was den Alkohol betrifft, schon bei den Indianern Amerikas bewährt. Im südlichen Afrika hieß das »Feuerwasser« *sopi*: ein mit Absinth und Aloe versetzter Schnaps aus Weißwein. Diese Mischung war umso gefährlicher, als der Saft der südafrikanischen Trauben – die von südfranzösischen Pflanzen stammten, die die Protestanten aus Lunel und Frontignan mitgebracht hatten – eher vollmundig war. Man brauchte nicht viel, um die Euphorie in Trunkenheit umschlagen zu lassen.

Saartjie frönte dem Alkohol mit Genuss. Er ließ sie das Gewicht ihres Körpers und die Qualen der Demütigung vergessen. In diesen Momenten fand sie wieder zu den Freuden des Tanzens zurück und spielte auf der *goura*, der sie eher heitere Klänge entlockte, während ein großer schwarzer Typ, dessen Name uns unbekannt ist, sie mit seiner Trommel rhythmisch begleitete. Sie liebten sich zwei Jahre lang, ohne zu heiraten. Von ihrem

Stamm abgeschnitten, hatte sich die junge Frau über die Bräuche ihres Volkes hinweggesetzt. Wie sie später erzählte, bekam sie ein Kind, das frühzeitig unter unbekannnten Umständen starb. Ein traurig banales Drama zu einer Zeit, wo Säuglinge oftmals nicht überlebten. Auf der ganzen Welt waren den Müttern unsere angstbesetzten Fachbegriffe »Meningitis« und »Toxikose« damals unbekannt. Im tiefsten Afrika konnte der Tod eines Babys, so glaubte Saartjie, nur der Wunsch irgendeines Ahnen sein, der das Eingreifen einer dunklen Macht gefordert hatte, damit das Kind verschwand und er besänftigt war. Für die Gemeinschaft der Sterblichen war dies eine rätselhafte Botschaft, die nur ein Zauberer aus der Bewegung der Wolken, dem Blut eines Tieres oder dem Flug der Vögel deuten konnte. Der armen Mutter blieb nichts anderes übrig, als zu resignieren und leise die Klage der Überlebenden zu murmeln, die die Klageweiber der Hottentotten anstimmten: »Ich bin geblieben, um den Schmerz zu ertragen. Ich bin geblieben, um die Verzweiflung zu spüren, die meinen Schmerz anfacht.«

Im Frühjahr 1810, drei Jahre nach ihrer Ankunft am Kap, sollte sich Saartjies Leben noch einmal tiefgreifend verändern. Zum zweiten Mal verkörperte Hendrick Caezar das erbarmungslose Eingreifen des Schicksals. Dieser sture, teuflische Mensch hatte lange im Voraus geplant. Trotz der Fortschritte, die Saartjie mit der holländischen Sprache machte, verstand sie gewiss nicht auf Anhieb, welchen Vorschlag er ihr machte. Sie sollte Caezar in ein fernes Land folgen, um dort ihr Glück zu machen. Wenn man es recht bedenkt, musste allein die Tatsache, dass er ihr den Vorschlag machte, ungewöhnlich erscheinen. Erinnern wir uns, dass sie eigentlich nicht wirklich Gelegenheit gehabt hatte, ihre Meinung zu äußern, als sie bereits Peter auf der langen Reise ans Kap zu Hendrick folgen musste.

Den Vorkehrungen nach zu urteilen, die ihr Herr getroffen hatte, um ihr diesen neuerlichen Abschied schmackhaft zu machen, musste es sich um ein viel wichtigeres Vorhaben handeln. Tatsächlich wurde er auch deutlicher. Diesmal ging es darum, mit einem Schiff mehrere Monde lang in ein Königreich zu segeln, wo es nur Weiße gab, die sie, Saartjie, mit Gold überhäufen würden, um sie zu sehen. Und sie würde reich und somit als freier Mensch zurückkehren. Und was musste sie dafür tun? Sie brauchte sich nur zu zeigen, zu tanzen und *goura* zu spielen.

Noch eine Nacht verging, bevor Hendrick erneut hartnäckig auf seine Pläne zurückkam, die das arme Mädchen so beschäftigten, dass sie nicht einschlafen konnte. Sie hatte offenbar begriffen, dass man ihr, und nicht einer anderen Dienerin des Hauses, diesen Vorschlag wegen ihres Körpers machte, dessen Formen nach der Geburt des Kindes noch üppiger geworden waren. Sie muss also gegen Caezars Plan eingewendet haben, dass ihr die Art, wie die Leute sie in der Stadt ansahen und verspotteten, nicht gefallen hatte. Aber ihr Herr hatte sie wahrscheinlich beruhigt und ihr versichert, dass in dem Land, in das er sie mitnehmen wollte, die Weißen ganz anders seien, weil sie ja dafür bezahlen würden, um sie zu bewundern.

Kurz, sie willigte schließlich ein. Man kann sich vorstellen, was sie dazu bewog: die Aussicht auf Gewinn, auf Freiheit, die Hoffnung auf ein anderes Leben, der Wunsch, nicht das zu werden, was die Ihren einen »Hund des Windes« nannten, also jemand, der im Leben kein Ziel hat. Und außerdem hatte wohl auch Hendricks Schnaps zweifellos dazu beigetragen, sie zu überreden. Vielleicht hat sie an jenem Tag auch einen wunderschönen Regenbogen gesehen, der sich über den Ozean spannte: ein Zeichen, das die Leute ihres Stammes als glückliches Omen deuteten.

II

Die Venus von Piccadilly

Man kann davon ausgehen, dass sich Saartjie einigermaßen unwohl fühlte, nachdem sie Hendrick Caezars Vorschlag zugestimmt hatte. Wie hätte sie denn auch ahnen sollen, auf was für ein Unterfangen sie sich da in Wahrheit eingelassen hatte? Vielleicht hatte sie aber auch Angst gehabt, nur allzu gut verstanden zu haben, was das bedeutete. In diesem Zwiespalt zwischen der Hoffnung auf ein neues Leben einerseits und der Angst vor einer ungewissen Zukunft andererseits muss die junge Schwarze zutiefst verwirrt gewesen sein. Sie hüllte sich in Schweigen, vermied Gespräche mit ihren Schwestern und nahm Zuflucht zu dem weisen Rat, den ihr ihre Tante, die alte Dikai, mitgegeben hatte: »Die Fliege erwartet nichts von einer anderen Fliege.«

Aber hatte sie denn tatsächlich eine Wahl? War die Sache nicht bereits abgesprochen und einzig und allein von Hendricks Willen abhängig? Vielleicht hat Saartjie, die seit langem daran gewöhnt war, in den Blicken der anderen zu lesen, wieder einmal das Gefühl gehabt, anders zu sein. Diesmal aber nicht wegen ihrer körperlichen Besonderheiten – ihrer großen Brüste, ihres ausladenden Hinterteils, ihrer »Schürze« –, sondern aufgrund einer anderen, nicht greifbaren Dimension, die sie zu Hendrick Caezars Verbündeter machte. Sie, die niedrige Dienstmagd, war tatsächlich das geworden, was man eine »Partnerin« nennen könnte. Selbst die Kinder des Buren, die sie jetzt erst so richtig in Beschlag nahmen, sahen sie wohl mit anderen Augen. Im Übrigen benahm sich wohl die ganze Familie Caezar ihr gegenüber anders. Plötzlich hatte Saartjie das überwältigende Gefühl, als eigene Person anerkannt, aber auch in ein Abenteuer hineingezogen zu werden, das sie über ihre wahre Natur hinaustragen würde. Zweifellos konnte sie diesem Stolz unmöglich widerstehen, der sie über die erdrückende Bedeutungslosigkeit ihrer bisherigen armseligen Existenz hinwegtröstete. Dies ist zumindest die plausible Erklärung für die Ungereimtheiten ihrer späteren Aussagen.

Nur ihre Religiösität konnte ihr ein wenig Unterstützung bei ihren einsamen Überlegungen bieten. Waren nicht genau dazu die alten Gottheiten da? In den Zeiten quälender Angst war es wieder Quamata, der Schöpfergott, der »diese Gedanken, die aus dem Bauch kommen« – wie die Afrikaner sagen – überwand:

> Erzürnt gegen die Menschen, die ihm nicht gehorcht und seine Frau beerdigt hatten, hatte dieser Gott beschlossen, mit Hilfe von Fäden, die die Spinne gesponnen hatte, in den Himmel aufzusteigen. Als er in seiner himmlischen Bleibe angelangt war und bevor er den Eingang wieder schloss, hatte er der Spinne die Augen ausgestochen, damit sie den Menschen niemals den Weg zeigen konnte, den er genommen hatte.

Saartjie war genau an demselben Punkt angelangt – sie konnte sich keinen Reim auf diese unglaubliche, ja sagenhafte Reise machen, von der Hendrick ihr erzählt hatte und deren Ziel ihr unerreichbar erscheinen musste. Und aus gutem Grund. Die Vorbereitungen zur Abreise waren umso geheimnisvoller, als sie nicht mit einbezogen wurde. Ein Freund von Hendrick hingegen, Alexander Dunlop, nahm sehr aktiv daran teil.

Diese merkwürdige Gestalt, ein Schiffschirurg und eher unsympathischer Engländer, verbrachte des Öfteren einen Abend auf dem Hof, um bei einer Pfeife stundenlang mit Caezar zu plaudern. Seit einiger Zeit kam er fast täglich zu Besuch, und die Gespräche wurden zunehmend im Flüsterton geführt.

Saartjie konnte nicht wissen, dass Dunlop der eigentliche Initiator des Vorhabens war, das sie betraf. Im Dezember 1803, während einer Reise auf einem Schiff Ihrer Britischen Majestät, hatte sich der Chirurg in London aufgehalten und miterlebt, wie drei Hottentotten – ein Mann und zwei Frauen – einem neugierigen aristokratischen Publikum vorgeführt wurden. Dies hatte Anlass zu einigen Bemerkungen gegeben, aus denen der pure Londoner Snobismus sprach.

Sir Joseph Farington, ein englischer Hofmaler, gibt nachfolgend die Eindrücke wieder, zu denen ihn der Anblick dieser drei »nach englischer Art gekleideten« Hottentotten inspirierte, die in den Augen des unverbesserlichen Höflings offenbar nicht so wichtig waren wie die edlen Herrschaften, denen er dort begegnet war:

> Dort waren Lord Darmouth, Lord Blagdon, Lady Banks und Sir Joseph … Eine der Hottentottenfrauen drückte sich vor uns in ihrer eigenen Sprache auf eine recht sonderbare Weise aus. Aber ihre Manieren wie auch die ihrer Genossen waren ebenso schicklich, wie es die der Bauern in unserem Land hätten sein können.

Wie man feststellen kann, spricht aus diesen Worten keinerlei Spott, nur der unvermeidliche Anflug von Herablassung, wie sie einem Gentleman ansteht, den der Anblick dreier Hottentotten kaum aus der Ruhe bringt.

Vermutlich hat Alexander Dunlop diesen Besuch nicht zur selben Zeit wie Sir Joseph Farington miterlebt. Aber anders als jener war er von diesem Spektakel sehr beeindruckt gewesen und hatte versucht, das Verhalten der britischen Gentry angesichts der Zurschaustellung dieser Neger zu analysieren. Aus dieser Überlegung war er auf eine abenteuerliche Idee gekommen.

Auf der Fahrt über den Ozean zurück nach Südafrika hatte sich Dunlop Folgendes überlegt: Wenn die Engländer sich so sehr für die Hottentotten interessierten, dass sie dafür bezahlten, um sie betrachten zu können, dann hatte er etwas Besseres, um ihre Neugier anzustacheln. Zunächst einmal war es eine blödsinnige Idee, diese Wilden in Kleider zu stecken, als wären sie einfache Kleinbürger aus Kent! Er hingegen wusste, wie man sie hätte präsentieren müssen: fast nackt, in ihrer Buschkleidung. Vor allem die Frauen. Man hätte die groteskesten Frauen mit sehr ausgefallenen Körpermerkmalen nehmen müssen, wie dieses riesige Hinterteil, das manche von ihnen besaßen und das die Spießbürger zum Träumen brachte. Denn nicht den ewig blasierten Blicken der Aristokraten durfte man die Hottentotten zeigen, sondern dem Publikum der einfachen Volksschichten und der Vorstädte. Mit anderen Worten: Den größten Erfolg hätte ein echtes exotisches Spektakel mit Theater, Musik und Tamtam.

Dunlop wusste, wo er die Person finden würde, die zu seinem ehrgeizigen Plan passte: »Die Negerin mit dem dicken Hintern, bei Caezar!« Kaum war er am Kap gelandet, besuchte er seinen Freund Hendrick. Dieser war zunächst skeptisch und ließ sich lange bitten, aber Dunlop hatte ein paar gute Argumente parat: »Du kannst mit diesem Mädchen Gold verdienen! Davon kannst du dir hunderte von Kühen kaufen!«

Die Monate verstrichen. Der Bure hatte sich schließlich umgarnen lassen. Was weiter geschah, wissen wir: Er hatte Saartjie ein Angebot gemacht. Diese wurde unwissentlich zum Dreh- und Angelpunkt eines irrsinnig riskanten Unternehmens. Hendrick hatte sich tatsächlich von den Worten des Chirurgen blenden lassen. Aber der Plan sah nur eine einzige »Künstlerin« vor, die von zwei unerfahrenen »Agenten« begleitet wurde und deren Ausrüstung nur aus einer *goura* (Saartjies Musikinstrument), einer Trommel und einem Koffer mit ein paar Klamotten bestand.

In Anbetracht des vorhersehbaren Verkehrsaufkommens zur See wurde die Abreise schließlich für Ende Mai 1810 angesetzt. Ein englisches Schiff der Ostindischen Kompanie – offenbar die *Exeter* – sollte ungefähr um diese Zeit direkt nach Großbritannien mit Ziel Southampton auslaufen. Dieses Schiff musste den beiden Männern praktischer erscheinen als die *Held Voltemade*, ein Schiff der Holländischen Kompanie, auf dem die Überfahrt zwar nicht so teuer, dessen Zielhafen aber der holländische Hafen Vlissingen gewesen wäre.

Alexander Dunlop, der besser Bescheid wusste, welche Behördengänge für eine solche Reise notwendig waren, wies Caezar eindringlich darauf hin, dass er für sich und Saartjie einen Pass besorgen müsse. Unter dem Druck der englischen Missionare, die gegen die Gewalttätigkeiten, denen die Schwarzen vonseiten der holländischen Siedler ausgesetzt waren, mobil gemacht hatten, hatten die englischen Behörden 1809 beschlossen, die Einheimischen zu ihrem Schutz unter die rechtmäßige Vormundschaft des Königs von England zu stellen.

Mit Saartjie an seiner Seite musste Hendrick Caezar also beim englischen Kap-Gouverneur Lord Caledon vorstellig werden, um dort den besagten Pass zu bekommen. Zu diesem Zweck musste er der jungen Frau einen erfundenen Familiennamen verpassen, und das war »*Baartman*«, das heißt auf Holländisch »der Bärtige«. So wurde aus unserer Heldin zumindest auf dem Papier Saartjie Baartman – Sarah Bärtig –, vielleicht in Anspielung auf den Bartwuchs des Buren der selbstgefällig genug war, auf diese Weise sein eigenes Abbild auf die neue Identität der jungen Schwarzen zu projizieren.

Lord Caledon unterzeichnete die Pässe der beiden Reisenden, anscheinend ohne sich allzu viele Fragen zu stellen, was ihm, wie wir noch sehen werden, später vorgeworfen wurde. Jedenfalls ging das ungewöhnliche Trio, bestehend aus Saartjie Baartman, Hendrick Caezar und Alexander Dunlop, am 24. Mai 1810 an Bord der *Exeter*. Diese wuchtige dreimastige Brigg hatte eine Tonnage von 200 Tonnen. Die Laderäume in ihren bauchigen Flanken waren voll mit exotischen Waren aus Ceylon, Java, Sumatra, die am Kap umgeladen worden waren und nun nach England gehen sollten. Auf dem Schiff blieb nur noch wenig Platz für die wenigen Passagiere, die unter der Hauptbrücke in abgetrennten, doch zum Mittelgang hin weit offenen Räumen untergebracht waren.

Am Abend des 24. Mai, während die Besatzung mit dem Manövrieren beschäftigt war, hatten die Reisenden Zeit, an der Reling schweren Herzens Abschied zu nehmen. Dann legte die *Exeter* ab.

Liest man Berichte über die langen Reisen, die zur damaligen Zeit ein echtes Abenteuer waren, so kann man sich leicht vorstellen, dass Saartjie ihre ersten Wochen auf See wie einen Albtraum im Wachzustand empfunden haben muss. Mehr als irgendwer sonst wurde sie von den Bewegungen des Segelschiffs aus dem Gleichgewicht gebracht, wurde seekrank und entschloss sich wohl erst nach langem Zögern, ihren Winkel auf dem Zwischendeck zu verlassen, wo die Schlafplätze eingerichtet waren und wo die beiden Begleiter sie untergebracht hatten. Die Nachbarn, die von dieser Tuchfühlung wahrscheinlich nicht gerade begeistert waren, warfen ihr feindselige Blicke zu. Zweifellos hat sich die Afrikanerin mehrere Tage lang nicht aus ihrer Kammer wegbewegt, da sie das Schlingern, das Ächzen des Rumpfes und der Teergeruch störten. Und als sie sich endlich doch einmal nach oben begeben musste, um auf der Brücke ein wenig Luft zu schnappen, fielen ihr sicher die angewiderten Blicke der anderen Passagiere und die spöttischen Grimassen und Gebärden der Matrosen auf, wenn sie an ihnen vorbeiging.

Trotzdem mussten sich beide Seiten ja langsam an dieses Zusammenleben gewöhnen. Man könnte sich vorstellen, dass Saartjie sich bei ruhigerem Seegang gern am hinteren Teil des Schiffs niederließ und träumerisch die unendliche Weite des Ozeans und die Möwen betrachtete, die im Kielwasser des Schiffes flogen. Welch tiefgreifende Veränderungen im Leben der jungen Schwarzen seit ihren ersten Jahren im Busch! Aber sie hatte deswegen ihren heimatlichen Glauben bestimmt nicht vergessen und fragte sich, ob sie nicht in Wirklichkeit nach Bakuba reiste, jenes ferne Land, das in der Vorstellung der Buschmänner existierte und wo noch nie jemand gewesen war. Die Tage und Nächte, die in dieser Wasserwelt ohne Anhaltspunkt aufeinander folgten, müssen sie bald um den Verstand gebracht haben. Hier verlor man im Handumdrehen das Gefühl für Zeit und Raum. Vielleicht wurde Saartjie sogar insgeheim klar, dass diese Reise eine Prüfung war, die ihr ihre Vorfahren auferlegt hatten, damit sie zu ihnen gelangen konnte.

Aber nach mehr als drei Wochen auf See kam etwas Leben in das Schiff. Die Passagiere, die sich auf der vorderen Brücke versammelt hatten, sahen gespannt auf das erste Stück Land, das sich seit der Abreise vom Kap am Horizont zeigte: Sankt Helena, der einzige Zwischenhalt auf einer mehrmonatigen Fahrt! Der Dreimaster ging dort vor Anker, um Lebensmittel und Trinkwasser zu laden und einige britische Angestellte der englischen Ostindischen Kompanie an Bord zu nehmen, die ganz offensichtlich glücklich waren, nach England zurückzukehren. Niemand, weder auf der Insel noch an Bord der *Exeter*, konnte sich damals vorstellen, dass auf diesem einsamen Vulkanfelsen im Atlantik fünf Jahre später Frankreichs heroische Zeit unter Napoleon zu Ende gehen würde.

Im Gegenteil: Der Kaiser befand sich zu jener Zeit, Mitte Juni 1810, als die *Exeter* auf der Insel Sankt Helena anlegte, auf dem Höhepunkt seines Ruhmes und schickte sich an, Holland zu annektieren, um es der harten Maßnahme einer »Kontinentalsperre« zu unterwerfen, die jeglichen Schiffsverkehr zwischen England und den anderen Häfen Europas verbot. Caezar und Dunlop, die von diesen Ereignissen keine blasse Ahnung hatten, wären sehr erstaunt gewesen zu erfahren, dass sie, hätten sie sich für das holländische Schiff – die *Held Voltemade* – entschieden, vermutlich niemals bis England gekommen wären. Saartjies Leben hätte dann sicher eine völlig andere Wendung genommen.

Und Saartjie selbst? Hatte sie überhaupt eine Vorstellung davon, welches Schicksal ihr bestimmt war? Versuchte sie, sich ihre Zukunft vorzustellen, sie, die von den Bewegungen dieses Schiffes durchgeschüttelt wurde, das sie in ein ihr völlig unbekanntes Land brachte, sie, die den Plänen zweier Männer mit dunklen Absichten ausgeliefert war? Ja, ganz sicher. Wie sich bald zeigen wird, erinnerte sie sich nämlich haargenau daran, was man ihr versprochen hatte. Diese Versprechungen waren umso denkwürdiger, als Caezar und Dunlop es verstanden hatten, sie zu beschönigen, um Saartjie besser überreden zu können: Sie schilderten ihr in den leuchtendsten Farben die Unterzeichnung eines Vertrags mit einer Laufzeit von sechs Jahren, aufgrund dessen sie ihren Anteil aus den Einnahmen erhalten sollte, die ihre Auftritte einbringen würden, und der ihr ihre Rückreise garantieren sollte. Kurz gesagt, alle möglichen mündlichen Zusagen. Das war die einzige Gewissheit, die sie auf das Geld, den Luxus, die Freiheit hoffen ließ. Bis zum Schluss glaubte sie blind und verbissen daran.

Zwei Wochen nach dem Zwischenhalt auf Sankt Helena passierte das Segelschiff den Äquator. Dunlop machte sich daran, ein dickes Paket auszupacken, das infolge der Hitze einen solchen Gestank verströmte, dass sich die Nachbarn im Schlafraum beschwerten. Es handelte sich um eine frisch gegerbte Giraffenhaut, die der Chirurg für sehr viel Geld an einen englischen Liebhaber zu verkaufen hoffte. Diese mehrere Meter lange Haut war zu sperrig und zu Übelkeit erregend, als dass man sie auf dem Zwischendeck hätte ausbreiten können. Dunlop erhielt vom Kapitän die Erlaubnis, seine duftende Trophäe auf dem hinteren Teil des Schiffdecks auszubreiten. Ein eigenartiges Banner, diese Tiergestalt mit dem langen Hals, deren Hufe und Kopf im offenen Seewind wie ein lächerliches Emblem klapperten. Saartjie hätte darin das Zeichen des Untergangs sehen können, den die Weißen dem urtümlichen Leben Afrikas bescherten. Was würde aus ihrer eigenen Haut werden? Das werden wir später erfahren.

Die Atmosphäre an Bord wurde mit der Zeit immer drückender. Die Passagiere verfielen in eine Art Dauerlethargie und bedachten Saartjie nur noch mit gleichgültigen Blicken. Sie selbst wurde immer trübsinniger, sodass Hendrick es sich angewöhnte, ihr wie vor der Abreise vom Kap abends immer ein paar volle Gläser Branntwein einzuschenken, die die junge Frau zu beruhigen schienen.

Die tägliche Eintönigkeit wurde von der Besatzung an dem Tag unterbrochen, an dem einige Matrosen, die an der Reling hingen, einen Mantarochen mit der Harpune erlegten, der dicht unter der Wasseroberfläche am Schiff entlangschwamm. Der Kampf wurde vom Publikum, das sich über die Reling beugte, hitzig kommentiert, während die Haie das Tier, das in seinem Blut wie wild um sich schlug, in Stücke rissen. Die Matrosen versuchten vergeblich, den riesigen Rochen auf die Brücke zu hieven. Aber schließlich gelang es dem Tier, den Bootshaken zu entkommen, die in seinem Fleisch steckten, und es verschwand in einem blutigen Strudel, während die Haie im Kielwasser des Schiffes erregt durcheinander schwammen.

Passagiere und Matrosen zerstreuten sich schweigend.

Der Aufregung bei dem Gedanken, des Ungeheuers Herr werden zu können, folgte das Entsetzen über das blutige Schauspiel, wie das Tier von den schrecklichen Haien in Stücke gerissen wurde. Ein zweifelhaftes Spektakel. Außer für den Hauptdarsteller, den Mantarochen, der in jedem Fall verspeist worden wäre, egal wer ihn besiegte hätte.

War Saartjie eine Frau, die mit dem Schicksal des Tieres Mitleid hatte? Vergessen wir nicht, dass sie gelernt hatte – wie es bei ihrem Volk Brauch war –, »nur mit einem Auge zu weinen, wie die Affen«, um sich nicht von einem übermäßigen Gefühlsausbruch hinreißen zu lassen. Sie hat vermutlich trotzdem ein Unwohlsein verspürt, weil sie davon überzeugt war, dass der dramatische Tod des Tieres unter Umständen den Fluch auf die Zeugen dieser grausamen Szene ziehen könnte.

Aber dann verlief die Reise wieder trostlos und eintönig. Die tägliche Routine wurde nicht durch ein einziges Unwetter unterbrochen. Das Auftakeln der Segel, das die Matrosen hoch oben in den Masten besorgten, beeindruckte die Passagiere nicht mehr. Kein französisches Schiff bedrohte die *Exeter*. Nur der Anblick der Küste von England konnte ab jetzt die allgemeine Ungeduld beschwichtigen.

Saartjie ihrerseits hatte sich schon seit langem damit abgefunden, sich in die endlos langsam verstreichende Zeit zu fügen. Sie war sicher die Einzige an Bord, die das voraussichtliche Ankunftsdatum nicht wusste. Daher muss sie wohl geglaubt haben, dass die Reise ihrem Ende zuging, als der Ausguckposten am Horizont die

Silhouette der Azoreninseln Flores und Corves ankündete. Eine weitere Illusion: Das Schiff segelte an diesen kargen Gestaden vorbei. Der Kapitän, der bemüht war, unerfreuliche Begegnungen mit Napoleons Kriegsschiffen zu vermeiden, hatte nämlich eine Route gewählt, die sehr weit westlich, mehrere Meilen von der Küste Spaniens entfernt, verlief.

Erst am Abend des 3. September wurde bekannt gegeben, dass man sich der lang ersehnten Küste von Cornwall näherte. Aber bald sprach sich herum, dass ungefähr 50 Schiffe dort, an der Einmündung des Ärmelkanals, mit gerefften Segeln vor Anker lagen und auf günstige Winde warteten. Am 8. September glitt die *Exeter* in der Morgendämmerung endlich zwischen der Insel Wight und der Küste hindurch, um nach 14 Wochen Überfahrt in den Hafen von Southampton einzulaufen: Seit der Abreise vom Kap waren dreieinhalb Monate vergangen!

Auf diese unendlich lange Reise folgte ein Wirbel von Ereignissen, in den Caezar und Dunlop Saartjie mit hineinzogen, die sich noch immer genauso passiv verhielt. Sogleich nach seiner Ankunft nahm das Trio eine der zahlreichen Kutschen, die zwischen Southampton und London verkehrten. Das waren wieder einmal harte Zeiten für Saartjie. Sie saß auf einer schmalen Sitzbank, gegenüber von ihren beiden Begleitern, und wurde durch das Holpern der Kutsche durchgeschüttelt, weil ihr ausladendes Hinterteil und ihre zu kurz geratenen Beine im Weg waren. Immer wieder stieß sie an die Gepäckstücke, die auf dem Dach des Höllengefährts keinen Platz mehr gefunden hatten. Dass solche Prüfungen auf sie zukommen würden, hatte die junge Frau vor ihrer Abreise vom Kap nicht geahnt! Am 10. September wurden die drei Reisenden schließlich mitten in Soho abgesetzt und sahen sich dort nach einer Bleibe um. Saartjie Baartmans Londoner Abenteuer sollte beginnen.

Als Engländer und Initiator dieses verrückten Unterfangens nahm Dunlop eigenmächtig die Rolle des Organisators für sich in Anspruch. Er wusste, dass die meisten Londoner Varietétheater um den Piccadilly Circus lagen, und entschied, Saartjie solle in einem der Säle dieses Viertels auftreten. Aus Kostengründen wählte er ganz in der Nähe eine möblierte Wohnung in Saint-Gilles, der Wohngegend der Londoner Iren, als »Wohnaufenthalt«. Dieses Viertel lag zwar ganz in der Nähe der reichen Prachtbauten der Oxford Street und von Piccadilly entfernt, war aber trotzdem eines der ärmsten der Hauptstadt. Ein französischer Reisender beschreibt, wie es damals dort aussah:

> Man gelangt übergangslos vom glänzendsten Überfluss zum abstoßendsten Elend. Unbefahrbare, von Wasserpfützen ausgehöhlte Gässchen, wo es von Kindern in Lumpen wimmelt, wo große Mädchen mit schütterem Haar, nackten Füßen und Beinen und mit armseligen Fetzen bekleidet, die nur eben über der Brust verknotet sind, einen verstört und verängstigt ansehen.

Einen Tag nachdem sie sich eingerichtet hatten, begann Dunlop, in seinen schönsten Anzug gekleidet, sich sogleich bei den Varietétheatern von Piccadilly umzusehen. Er brauchte jedoch mehrere Tage, bis er zu einigen Direktoren von Etablissements gelangte, denen er seine »Hottentottin« anbot. Da er bei seinen Gesprächspartnern auf Skepsis stieß, beschloss er, seine Kundenwerbung in Begleitung der jungen Schwarzen zu machen, die er mit sich herumzerrte in der Art eines Bärenführers. Saartjie, angetan mit einem der Kleider, die sie während der Überfahrt auf dem Schiff getragen hatte, führte ein paar Tanzschritte vor, bei denen sie mit ihrem dicken Hintern wackelte, gab sich Mühe, ihrer *goura* ein paar Töne zu entlocken, und winkte dem Chef des Theaters zu, der ständig ablehnend den Kopf schüttelte.

Alexander Dunlop war ernstlich verärgert und begann an den Erfolgschancen seiner grandiosen Idee zu zweifeln. Er fing an, die anstößigsten Pläne zu entwerfen, die ihm gestatten würden, sich geschickt aus der Affäre zu ziehen. Zu seinem Glück erhielt er dann von einem Theaterdirektor den Hinweis, er solle doch William Bullock, einen bekannten Geschäftsmann und Besitzer eines »Kuriositätenkabinetts«, aufsuchen. Gemeint war das Liverpool Museum, eine Art Museum des Sonderbaren, wie es damals sehr in Mode war, in dem Bullock manchmal ungewöhnliche Auftritte organisierte.

Vorsichtshalber vereinbarte Dunlop einen Termin mit diesem einflussreichen Mann, dem er zunächst die Giraffenhaut anbot, die von der Sonne des Atlantiks an Bord der *Exeter* inzwischen gegerbt war. Bullock feilschte zwar, kaufte die Haut aber schließlich doch. Von diesem ersten Erfolg ermutigt, erzählte ihm der Chirurg von Saartjie. Die Diskussion muss wohl ziemlich hitzig und eher konfus verlaufen sein. Jedenfalls bot Dunlop seinem Gesprächspartner an, ihm seine eigenen Anteile an den märchenhaften Einnahmen zu verkaufen, die der Auftritt der jungen Hottentottin seiner Meinung nach einbringen würde. Bullock stellte sich taub. Dieser Routinier, ein Spezialist für die wunderlichsten Ausstellungen, sollte einige Monate später nicht zögern, die britische Regierung vor den Kopf zu stoßen, indem er den Schädel von Oliver Cromwell, dem Lord Protector der kurzlebigen englischen Republik und Erzfeind der Krone, ausstellte. Hingegen war Bullock nicht der Ansicht, dass die Afrikanerin für das Londoner Publikum von Interesse sein könnte, und lehnte das Angebot ab.

Von diesem neuerlichen Misserfolg entmutigt, war Dunlop von nun an von der Aussichtslosigkeit der Unternehmung, die er selbst angeregt hatte, überzeugt. Da er aber vor allem darauf bedacht war, sein Geld in Sicherheit zu bringen, kehrte er zu seinem Geschäftspartner Hendrick Caezar zurück und machte ihm denselben Vorschlag wie Bullock: »Ich verkaufe dir meinen Anteil am Geschäft!«

Der Bure ließ sich nun eigenartigerweise ohne größere Vorbehalte überzeugen und war plötzlich alleiniger Herr dieses Unternehmens, wenngleich dieses sich ziemlich schlecht angelassen hatte.

Hendrick, offenbar gewitzter als sein ehemaliger Partner, hatte seine eigene Idee, wie er Dunlops Projekt in die Tat umsetzen konnte: Zunächst mietete er einen Saal an der wichtigen Hauptverkehrsstraße von Piccadilly an. Dann kaufte er eine Werbefläche in der Tageszeitung *The Morning Post*, die am Donnerstag, den 20. September 1810, mit folgender Anzeige erscheinen sollte:

> Die Hottentotten-Venus ist gerade angekommen. Sie kann zwischen 1 Uhr und 5 Uhr nachmittags in Piccadilly, Nummer 225, besichtigt werden. Sie kommt von den Ufern des Flusses »Gamtoos«, der an der Grenze zum Kaffernland im Innern von Südafrika liegt. Sie ist eines der vollendetsten Exemplare dieses Volkes. Dank dieses erstaunlichen Naturphänomens hat das Publikum die Gelegenheit, zu beurteilen, in welchem Maße sie alle Beschreibungen von Historikern bezüglich dieses Stammes der menschlichen Rasse übertrifft. Sie trägt die Kleidung ihres Landes und den Schmuck, den ihr Volk gewöhnlich trägt. Die wichtigsten gebildeten Leute dieser Stadt haben sie bereits gesehen. Alle waren über den Anblick eines so vortrefflichen Exemplars der menschlichen Rasse sehr in Erstaunen versetzt. Sie wurde von Hendrick Caezar in dieses Land gebracht und wird hier nur kurz auftreten, ab nächsten Montag, 24. September, zum Preis von zwei Schilling pro Person.

Mit der Veröffentlichung dieser Anzeige unterzeichnet Hendrick Caezar sozusagen die Geburtsurkunde der »Hottentotten-Venus«. Die Worte, in der sie verfasst sind, zeugen von einer echten Genialität ihres Urhebers. Diese Wortschöpfung ist nämlich sehr geschickt: sie erinnert an das höchste Symbol der Schönheit – die Göttin Venus –, verbunden mit einer bestimmten Person – der Hottentottin von den Gamtoos-Ufern –, die dem Ganzen einen exotischen Anstrich gibt. Dem Text entnehmen wir ebenfalls, dass diese »Venus« ein »erstaunliches Naturphänomen« ist. Aber Caezar präsentiert sie ganz und gar nicht als plumpes Wesen und spielt auch nirgends auf ihre ungeheuerlichen Formen an. Im Gegenteil, er beruft sich auf Zeugenaussagen von Historikern und gebildeten Leuten, die er einfach übernommen hat, um zu bekräftigen, dass sie »ein vortreffliches Exemplar der menschlichen Rasse« ist. Alles in allem lehnt er Dunlops Methode bewusst ab. Es fällt ihm gar nicht ein, Saartjie als eine groteske schwarze Künstlerin zu präsentieren, die herumwatschelt, mit ihrem dicken Hintern wackelt und auf einem sonderbaren Instrument spielt. Dem Publikum wird hier lediglich angeboten, ein außergewöhnliches Wesen zu bestaunen, das nur wenige Tage lang zu einem lächerlichen Preis präsentiert wird, mit dem nicht einmal die Reisekosten bestritten werden können.

Hinter Caezars intelligenten Worten verbirgt sich besondere Manipulation. Es wird suggeriert, dass die »Hottentotten-Venus« in den Augen ihres primitiven Volkes eine Art Schönheitskönigin sei. Was für eine Überraschung wird es demnach für die Londoner Zuschauer sein, wenn sie eine Frau entdecken, die ihnen nach europäischen Maßstäben wie ein groteskes Phänomen erscheinen muss! Caezar verfolgte mit seiner Methode ein ganz subtiles Ziel: Er wollte die einfältigen Grünschnäbel von Piccadilly von der Überlegenheit ihrer Rasse überzeugen, damit sie sich selbst größer vorkamen! Welche Verachtung gegenüber Saartjie Baartman, der Hauptdarstellerin dieser Farce, spricht daraus! Ist sie Opfer oder Komplizin? Die folgenden Ereignisse lassen durchaus Zweifel an der wahren Natur ihrer Gefühle diesbezüglich aufkommen.

Jedenfalls hat die Venus sofort unglaublichen Erfolg. Innerhalb weniger Tage ist sie in ganz London bekannt. Alles drängt sich, um sie in Piccadilly zu sehen, sodass man sogar die Ordnungshüter zu Hilfe rufen muss, um die Scharen von Bewunderern in Schranken zu halten. Launige Lieder werden zu ihrem Ruhm komponiert. Die Witze, die sich auf ihr Hinterteil beziehen, würzen die Gespräche in den Salons und bei den Abendgesellschaften. Die Presse benutzt sie, um über das politische Tagesgeschehen zu spötteln. Die Koalition, die – angeführt von Thomas Pelham – zu jener Zeit das Königreich regiert, hängt rechts und links so weit über, dass man ihr die Bezeichnung »*Broad Bottom Ministry*« (»Das Ministerium der breiten Hintern«) verpasst. Nicht zu vergessen die unzähligen Karikaturen und anderen satirischen Zeichnungen, zu denen die Gestalt der »Venus« inspiriert.

Dank Mundpropaganda zieht die Hottentottin immer mehr Neugierige an, sodass es nicht einmal mehr nötig ist, den Zustrom der Zuschauer durch weitere Anzeigen anzukurbeln. Hendrick Caezar frohlockt, wenn er seine Einnahmen zählt, und freut sich, dass Dunlop ausgestiegen ist, der ihn zum alleinigen Nutznießer dieser Goldaffäre gemacht hat.

Aber plötzlich trübt erstmals ein falscher Ton die gute Laune des Buren. Unter den Leserbriefen des *Morning Chronicle* wird ein Protestschreiben mit Datum 12. Oktober 1810 veröffentlicht. Der anonyme Unterzeichner – »ein Engländer« – beschwert sich besonders über die entwürdigende Art des Auftritts der Venus, den er für »unsittlich und ungesetzlich« hält:

> Wie ist es möglich, dass in Großbritannien zwar die Sklaverei vor kurzem abgeschafft wurde, das Unglück dieser armen Frau jedoch von ihrem Aufseher ausgenutzt werden kann?

Caezar, der allzu sehr von sich überzeugt ist, begeht daraufhin einen schweren Fehler: Er beschließt, sich in einem langen Antwortbrief zu rechtfertigen, der unverzüglich vom *Morning Chronicle* veröffentlicht wird:

> Mein Herr, nachdem ich Ihren Brief gelesen habe, der einen Angriff auf den Auftritt einer Hottentottenfrau zum Inhalt hat und mir vorwirft, ich sei grausam und behandle sie schlecht, fühle ich mich aufgerufen, diese Behauptungen zu widerlegen. Zunächst einmal […] ist diese Hottentottin genauso frei wie jeder englische Bürger. Diese Frau war am Kap meine Dienerin, und nicht meine Sklavin. Sie kann es in England noch weniger sein, wo ein jeder die Luft der Freiheit atmet. Sie wurde aus freien Stücken hierher gebracht und sie

willigt ein, zum gemeinsamen Wohl unserer beiden Familien aufzutreten. Dies kann vonseiten der Öffentlichkeit nicht die geringste Missbilligung hervorrufen. Sie selbst wird jedem, der sie verstehen kann, erklären können, dass sie immer gut behandelt wurde – nicht nur mit Menschlichkeit, sondern auch mit größter Sanftheit.

Diesem Brief von Hendrick Caezar fehlt eindeutig die angemessene Bescheidenheit. Er wird die Kritiker keineswegs damit besänftigen, sondern vielmehr eine wahre Protestwelle auslösen. Einige verlangen mehr Einzelheiten über die Bedingungen, unter denen die »Venus« von ihrer Familie getrennt wurde. Andere schlagen vor, die Wohltätigkeitsvereine – die damals in England sehr aktiv waren – müssten zugunsten der Hottentottin eingreifen.

Caezar wittert die Gefahr, wird ungehalten und greift erneut zur Feder, um zu kontern. Dann aber erkennt er seinen Fehler und hält sich zurück. Er hält es für klüger, einen Rückzieher zu machen und in einem Brief, der im *Morning Chronicle* vom 23. Oktober veröffentlicht wird, zu verkünden, dass er die Darbietung nicht mehr persönlich präsentieren wird:

Da ja meine Vorgehensweise die Öffentlichkeit zu verletzen scheint, werde ich nicht mehr persönlich an der Darbietung teilnehmen. Aber ich möchte gern verstehen, warum die »Hottentotten-Venus« nicht genauso das Recht hat, sich zur Schau zu stellen, wie Mister Lambert, der irische Riese!

Dieser zweite Brief macht zunichte, was der erste Satz an Versöhnlichem hätte bieten können. Er ist wieder Wasser auf die Mühlen der Kritiker und entfacht erneut Proteste im *Morning Chronicle*. Ein Leser, der mit »Humanitas« unterschreibt, reagiert sehr scharf auf Caezars Argumente, indem er den Kern des wahren Problems trifft, das die Darbietung der Venus darstellt:

> Gewiss hat sie persönlich das Recht, sich zur Schau zu stellen. Dagegen gibt es kein Recht, das erlaubt, dass man von jemand anderem zur Schau gestellt wird. So waren der irische Riese und der polnische Zwerg gleichzeitig Herren und Organisatoren ihrer eigenen Darbietung. Und sie kamen selbst in den Genuss der Gewinne, die ihnen diese Darbietungen einbrachten. Aber kann das Publikum denn ernstlich glauben, dass die Hottentottin persönlich auch nur einen Heller bekommt, den ihre Darbietung einbringt? Nein! Nachdem sie mit der größten Rohheit mitgeschleppt wurde – wie Achilles, der Hektors Leichnam um die Mauern von Troja schleifte –, wird diese bemitleidenswerte Frau zum Kap zurückgebracht werden, nicht nur, ohne durch die Neugier der Europäer reicher geworden zu sein, sondern noch ärmer, als sie ihr Heimatland verlassen hat.

So pathetisch dieser Brief auch sein mag, er enthält doch Argumente von einer unbestreitbaren Logik, die Caezar in die Enge treiben. Aber da wird noch ein anderer, beängstigenderer Angriff gegen den Buren vorbereitet:

diesmal nicht in der Presse, sondern vor Gericht. Drei herausragende Mitglieder einer humanitären Organisation – der African Institution – beschließen nämlich, Anzeige zu erstatten. Diese drei Männer heißen Zachary Macauley, Thomas Gisborne Babington und Peter van Wageninge.

Die African Institution hatte sich zuvor innerhalb der britischen Abolitionsbewegung hervorgetan, die die Sklaverei heftig bekämpft hatte. Sie war Ende des 18. Jahrhunderts mit dem Ziel gegründet worden, die Sklaven, die nach Neuschottland an der Ostküste Kanadas deportiert worden waren, wieder nach Sierra Leone in Afrika zurückzuführen. Als Sekretär dieser Organisation war Macauley einer der ersten Gouverneure von Freetown, der Hauptstadt von Sierra Leone, gewesen. Es handelte sich also um eine wichtige Persönlichkeit.

Macauley hatte der Darbietung der Hottentotten-Venus persönlich beigewohnt, um die Geschehnisse zu beobachten. Bei dieser Gelegenheit hatte er Hendrick Caezar befragt, der ihm gegenüber betont hatte, dass ihm der Gouverneur vom Kap, Lord Caledon, offiziell die schriftliche Genehmigung erteilt hatte, Saartjie Baartman nach England mitzunehmen. Eine verhängnisvolle Lüge! Caezar war nicht imstande, jenes Dokument vorzuweisen, auf dem Macauley mühelos die Unterschrift des Gouverneurs hätte erkennen können, der einer seiner Freunde war.

Später stritt Lord Caledon in einem Brief vom 1. März 1811 ab, auch nur das Geringste mit dieser Geschichte zu tun gehabt zu haben. Er ging sogar so weit, zu verkünden, dass für die »Hottentottenfrau« niemals eine Genehmigung beantragt worden sei, die ihr das Verlassen der Kolonie gestattet hätte.

Seitdem stehen Hendricks Geschäfte begreiflicherweise unter keinem guten Stern mehr. In gleichem Maße häufen sich jetzt belastende Zeugenaussagen zu den Bedingungen, unter denen die Darbietungen der berühmten »Venus« stattfinden. Eine Reportage vom 26. November 1810 in der seriösen *Times* liefert eine erbauliche Beschreibung der Umstände. Nachfolgend die bezeichnendsten Auszüge daraus:

> In Höhe von drei Fuß über dem Boden ist eine Bühne aufgebaut. Dort befindet sich die Hottentottin in einem Käfig und wird wie ein wildes Tier gezeigt. Ihr Aufseher befiehlt ihr, nach vorn und nach rückwärts zu gehen, im Käfig hin und her zu gehen, eher wie ein angeketteter Bär als ein menschliches Wesen … Sie stößt tiefe Seufzer aus, wirkt ängstlich und scheint sich unwohl zu fühlen, wird immer verdrießlicher, wenn man von ihr verlangt, auf einem primitiven Musikinstrument zu spielen … Einmal weigerte sie sich, ihren Käfig zu verlassen. Da sah man, dass der Aufseher drohend die Hand gegen sie erhob … Sie trägt ein Kleidungsstück von derselben Farbe wie ihre Haut, sehr eng anliegend, sodass ihre Körperformen betont werden. Und die Zuschauer werden aufgefordert, ihre anatomischen Eigenarten genauer zu untersuchen.

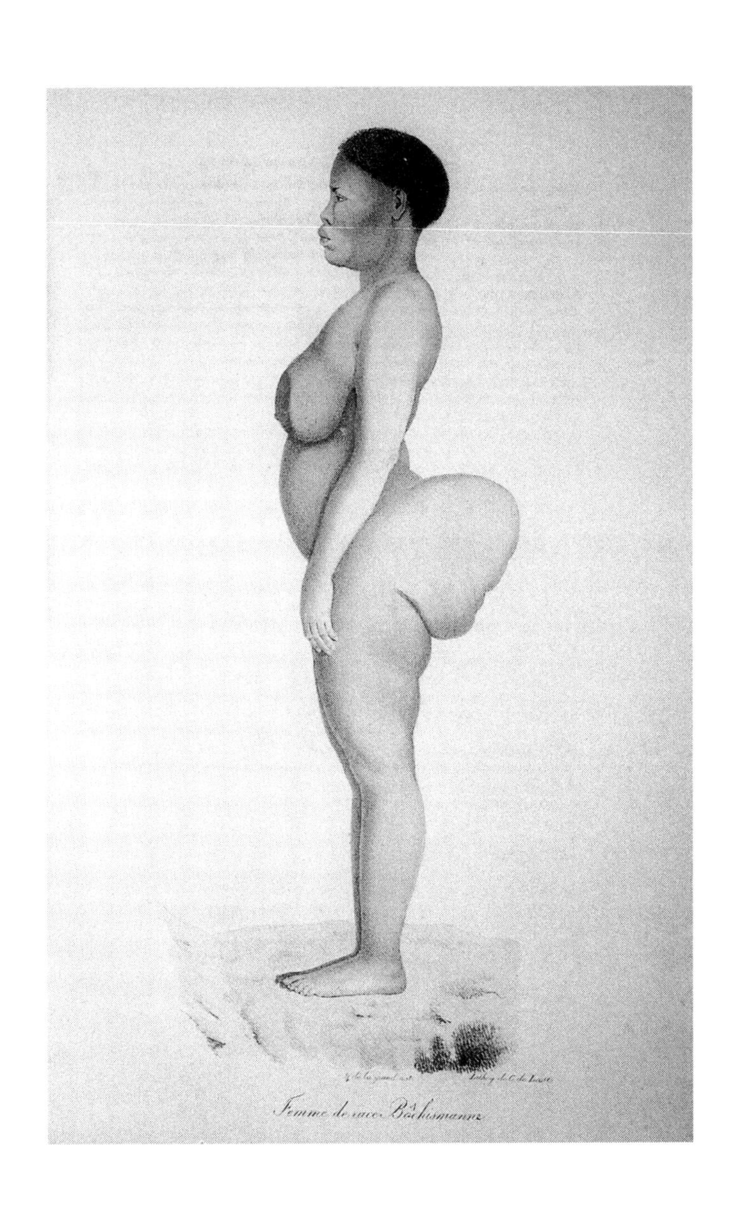
Femme de race Bôchismanne

Nach einer Aussage, den die Komödiantin Chares Matthews später in ihren Memoiren anführt, erklärten sich einige Personen bereit, das Gesäß der Hottentottin anzufassen, um zu überprüfen, ob es sich nicht um eine Polsterung handelte. Ein Zuschauer war sogar so weit gegangen, sie in den Hintern zu kneifen. Ein anderer hatte sie mit dem Ende seines Stocks gepiekst. Und eine Frau hatte die Spitze ihres Sonnenschirms verwendet, um sich davon zu überzeugen, »dass alles echt war«.

Ebenso werden Thomas Babington und Peter van Wageninge – beides Mitglieder der African Institution, die sich der Anklage von Zachary Macauley angeschlossen hatten – unter Eid erklären, dass sie am 15. Oktober 1810 während der Darbietung der Venus gesehen haben, dass Hendrick Caezar die arme Frau mit einem Stock bedrohte, weil sie ihm nicht gehorchte.

Ein derartiges Verhalten wirkt im England von König Georg III. ebenso unziemlich wie unmenschlich. Diese Fakten werden vom Königlichen Gerichtshof verhandelt, der am Samstag, den 24. November 1810 zusammentritt.

Den Vorsitz hat Lord Ellenborough, unterstützt von einem anderen Richter, Mr. Le Blanc, der mit Vornamen ausgerechnet Justice, Gerechtigkeit, heißt. Die Verteidigung von Saartjie Baartman übernimmt der Justizminister, der in den Aufzeichnungen des Prozesses nur in seiner Funktion genannt wird. Caezars Anwalt ist Mister Gasalee.

Das Gericht hatte zuvor verschiedene Zeugenaussagen überprüft: die der Kläger (Macauley, Babington, van Wageninge), aber auch die von William Bullock, dem Geschäftsmann, dem Alexander Dunlop seine Vorschläge unterbreitet hatte. Letzterer ist offensichtlich verschwunden und kann daher von den Richtern nicht verhört werden. Das ist bedauerlich, denn seine Aussage hätte natürlich einen wesentlichen Kontrapunkt zu Hendrick Caezars Ausführungen dargestellt.

Nach juristischen Spitzfindigkeiten, bei denen sich Verteidigung und Anklage feindlich gegenüberstehen, erklärt der Vorsitzende Ellenborough, dass der Gerichtshof Saartjie Baartman unter Umständen ihre Freiheit wiedergeben könne. Hingegen obliegt es nicht dem Gesetz, die junge Frau eigenmächtig dem Schutz der African Institution zu unterstellen, die vorschlägt, sich um sie zu kümmern und sie in ihre Heimat, ans Kap, zurückzubringen. Einzig Saartjie, so die Meinung des Gerichtshofes, hat das Recht, diese Wahl freiwillig zu treffen. Folglich beschließt der Vorsitzende, die Hottentottin vorzuladen, damit sie sich deutlich äußern und selbst über ihr Schicksal bestimmen könne.

Es handelt sich hier um einen entscheidenden Abschnitt in der Geschichte von Saartjie Baartman. Ihre Aussage vor dem Königlichen Gerichtshof stellt das einzige verlässliche Dokument dar, in dem sich unsere Heldin persönlich zu den sehr wichtigen Ereignissen ihres Lebens äußert. Bevor man ihre Aussage aufnehmen konnte, mussten einige Probleme in der Verfahrensweise gelöst werden. Zuerst musste man unparteiische Gesprächspartner wählen, die sie befragen konnten. Zwei Justizbeamte, S. Solly und Geo Moonjen, die korrekt Holländisch sprachen (in dieser Sprache konnte Saartjie sich verständlich machen), werden ernannt, um die Befragung, die für den 28. November 1810 angesetzt ist, erfolgreich durchzuführen.

Die Verhandlung dauert drei Stunden, während deren diese Frau – die man »primitiv« nannte – die Fragen dieser Männer wohlüberlegt beantwortet, ohne sich von ihren Perücken und den langen roten Mänteln mit dem Hermelinkragen beeindrucken zu lassen. Die wichtigsten Punkte ihrer Aussage, so wie sie aus der Übersetzung hervorgehen, die die Justizbeamten davon angefertigt haben, sind folgende:

Saartjie bestätigt zu Beginn, dass ihre Mutter starb, als sie selbst zwei Jahre alt war. Damals lebte ihr Vater bereits nicht mehr. Er war von Buschmännern auf einer seiner Reisen ans Kap getötet worden. Sie hat ihr eigenes Kind verloren, das sie am Kap mit einem Trommelspieler gehabt hat, mit dem sie nahezu zwei Jahre zusammenlebte.

Bei der Beantwortung der Fragen zu ihrer Ankunft am Kap beharrt Saartjie darauf, dass sie vollkommen einverstanden war, als ihr erster Herr, Peter Caezar, sie bat, sich bei Hendrick als Kindermädchen zu verdingen. Genauso freiwillig ist sie für eine Dauer von sechs Jahren nach England gegangen, gegen das Versprechen, dass sie die Hälfte des Geldes erhalten werde, das ihre Darbietungen einbringen würden. Alexander Dunlop hatte ihr gegenüber sogar deutlich gesagt, er werde die Kosten für ihre Heimreise übernehmen.

Sie bekräftigt außerdem – entgegen den jüngsten Aussagen von Lord Caledon –, dass sie sich durchaus persönlich, in Begleitung von Hendrick Caezar, zum Palast des Kap-Gouverneurs begeben habe, um die Genehmigung für ihre Reise nach England zu bekommen.

Mit derselben, ziemlich verwirrenden Gelassenheit beantwortet Saartjie die Fragen zu den Bedingungen, unter denen sich ihr Aufenthalt in London abspielt:

Wird sie von Hendrick Caezar gut behandelt?

Sehr freundlich. Sie ist sehr zufrieden mit ihrer derzeitigen Situation und kann sich über ihren Herrn in keiner Weise beklagen. Im Übrigen hat ihr nie jemand Gewalt angetan. Sie hat zwei schwarze Hausangestellte, die sie bedienen, und wünscht lediglich, dass Hendrick ihr die wärmeren Kleidungsstücke gibt, die er ihr versprochen hat.

Wünscht sie in ihr Land zurückzukehren?

Keinesfalls. Ganz im Gegenteil, sie will in England bleiben, weil sie dieses Land gern hat. Sie wird demnächst die Hälfte des Geldes erhalten, das ihr zusteht, während ihr Herr Dunlop die andere Hälfte später geben muss.

Dieser letzte Punkt ist von größter Bedeutung. Er erhellt wahrscheinlich einen der wesentlichen Beweggründe für Saartjies Verhalten. Es ist die Aussicht, Geld zu verdienen, die einzige Möglichkeit, die Freiheit wiederzuerlangen, die sie dazu getrieben hat, sich auf dieses Abenteuer einzulassen. Und das sagt sie genau sechs Monate nachdem sie das Kap an Bord der *Exeter* verlassen hat. Seit diesem Zeitpunkt hat sie alle Geschehnisse ihres verrückten Abenteuers ertragen, ohne sich auch nur einmal zu beklagen. Und sie hat noch keinen Pfennig Geld gesehen! Wie könnte sie so kurz vor dem Ziel ihre geheimsten Hoffnungen auf eine Rückkehr in ihr Land fahren lassen?

Es erstaunt daher nicht, dass die Befragung Saartjies künftiges Leben nach ihrem Auftritt betreffend völlig im Sande verläuft. Diesbezüglich bekommen die Justizbeamten nur wirre Antworten. Sie werden also nicht erfahren, ob Saartjie vorhat, ihre Darbietungen fortzusetzen oder einzustellen. Aber man kann sich denken, dass sie fest entschlossen ist, weiterhin aufzutreten, bis sie den Preis für ihr Unglück erhalten hat.

Deshalb präsentiert Saartjie dem Gericht auch ein unerwartetes Dokument: den berühmten Vertrag, den Alexander Dunlop – damals wohnhaft in Saint-James in Middlesex – sie einen Monat zuvor angeblich vor einem Londoner Notar namens Arend-Jacob Guitard hat unterzeichnen lassen. Leider wirft diese notariell beglaubigte Urkunde mehr Fragen auf, als sie Antworten liefert. Sie ist nämlich auf den 29. Oktober 1810 datiert. An diesem Tag aber – mehr als einen Monat nach dem Beginn ihrer Auftritte (die erstmals am 24. September in Piccadilly stattfanden) – hatte Dunlop, wie wir gesehen haben, auf seine Anteile aus dem Geschäft verzichtet, die er zunächst William Bullock angeboten und dann an Hendrick Caezar verkauft hatte. Warum um alles in der Welt hätte er diesen Vertrag abschließen sollen, wenn er doch gar nichts mehr mit der Leitung der Darbietung zu tun hatte? Und wie hätte dieser Vertrag Hendrick absichtlich übergehen können, dessen Name in dem Dokument nicht erscheint?

Noch überraschender ist aber: Dieser Vertrag enthält eine »Ergänzungsklausel« – die auf ausdrücklichen Wunsch Dunlops eingefügt wurde –, mit der der Notar Guitard bescheinigt, dass er dieses Dokument vom Englischen ins Holländische übersetzt und es Saartjie Baartman zweimal »laut und deutlich« vorgelesen hat. Letztere, so stellt der Notar fest, »hat die Gesamtheit des Inhalts verstanden und sich damit zufrieden erklärt«.

Diese Enthüllungen, die auf Saartjies beschwichtigende Worte hinsichtlich ihrer Beziehungen zu den Organisatoren der Darbietung folgen, bringen die Richter natürlich ins Wanken. Vielleicht ist bei der Übertragung des Vertragsdatums ein Fehler unterlaufen. Vielleicht wurde dieses Dokument in betrügerischer Absicht vordatiert. Vielleicht hat auch Dunlop, von den ersten in der Presse veröffentlichten Protestbriefen gewarnt, geschickt manövriert, um vom Gesetz nicht behelligt zu werden – eine letztendlich überflüssige Vorsichtsmaßnahme. Nach ihrer eigenen Aussage ist Saartjie mit ihrem Los eindeutig völlig zufrieden, will keinesfalls in ihr Land zurückkehren und sich noch weniger in den Schutz der African Institution begeben. Zumindest behauptet sie das gegenüber den Richtern, die sich anscheinend keine Gedanken darüber gemacht haben, welchem Druck, ja welchen Bedrohungen Saartjie durch Hendrick ausgesetzt gewesen sein muss, der sie zu solchen Worten gezwungen hat.

Wer lügt also? Die zahlreichen Zuschauer, die behaupten, Zeugen von Saartjies Elend und der schlechten Behandlung gewesen zu sein, der sie ausgesetzt war?

Oder Saartjie selbst? Und wenn ja, mit welcher Absicht? Um Caezars Repressalien zu entgehen? Oder aus Gier, um das Geld zu bekommen, das man ihr noch nicht ausbezahlt hat? Aber es gibt eine dritte Hypothese, die den anderen übrigens nicht widerspricht: Es kann sein – wie wir gesehen haben, als Saartjie am Kap Hendricks Vorschlag angenommen hatte –, dass sie damals so stolz darauf war, an dieser Unternehmung beteiligt zu sein, so stolz, endlich als eigene Person zu gelten, dass sie es als unwürdig empfunden hätte, ihre Verpflichtung nicht einzuhalten, das Abenteuer nicht bis zum Schluss mitzumachen und unter dem erniedrigenden Schutz der öffentlichen Wohlfahrt in ihre Heimat zurückzukehren.

Zu guter Letzt muss man sich wohl fragen – und dies wäre die pessimistischste und zweifellos die unwahrscheinlichste Erklärung –, ob sich Saartjie Baartman, aus irgendeinem masochistischen Antrieb heraus, nicht sogar gern unterworfen hat. Und zwar so sehr, dass sie selbst die abwegigen Motive ihrer Herren – Geldgier und Eitelkeit – übernommen hat. Eine vergebliche Geldgier! Wahrscheinlich hat sie niemals auch nur einen Shilling des Geldes gesehen, das ihr der zweifelhafte Vertrag in Aussicht stellte.

Das Gericht hingegen lässt es bei Saartjies Worten bewenden, ohne die Gründe dafür verstehen zu wollen. Der Vorsitzende Ellenborough beschließt mit der Verkündung seines Urteils am selben Tag, die Angelegenheit ad acta zu legen, spricht jedoch noch eine Warnung an die Veranstalter der Darbietung aus:

> Sollte es noch einmal zu irgendeiner unziemlichen Zurschaustellung dieser Fremden kommen, müssen die Verantwortlichen wissen, dass die Straftäter der Arm des Gesetzes treffen wird.

Die Presse würdigt einmütig das weise Gerichtsurteil. Die *Morning Post* versäumt nicht, mit ziemlich unbeholfenen Worten darauf aufmerksam zu machen, dass man es »England hoch anrechnen musste, dass selbst eine Hottentottin dort Freunde finden kann, um ihre Interessen zu vertreten«. Edelmütiger fasst der *Political Periscope* den Beschluss mit folgenden Worten zusammen:

> Dieser Prozess macht der freiheitlichen und humanitären Gesinnung unserer Zeit sowie den persönlichen Gefühlen, von denen er getragen war, alle Ehre.

England kann zu Recht ein ruhiges Gewissen haben. Seine Justiz hat versucht, Saartjie vor ihren Ausbeutern zu schützen. Aber sie kann sie nicht vor ihrem eigenen Willen beschützen. Caezar aber begreift, dass die gut gemeinte Warnung, die das Gericht gegen ihn ausspricht, keine leere Drohung ist. Da ihm überdies sowohl die Presse als auch die öffentliche Meinung feindlich gesinnt sind, weiß er, dass er sich in größte Schwierigkeiten bringen würde, wenn er seine »Venus« weiterhin in der Hauptstadt auftreten ließe. Daher wird er versuchen, eine Tournee in der Provinz zu organisieren.

Man weiß nur wenig über diese Zeit des Umherirrens, die die kleine Truppe ab 1811 Richtung nördliches England, vermutlich über Essex, Suffolk, die Midlands führen wird. Ende desselben Jahres halten sie sich in Manchester auf. Dies beweist ein Dokument, das heute in den Archiven des Pariser Völkerkundemuseums, des Musée de l'Homme, aufbewahrt wird. Es handelt sich um Saartjies Taufurkunde, die von Reverend Joshua Brooks, dem Kaplan der Christus-Stifts- und Pfarrkirche in Manchester, ausgestellt wurde. Die Übersetzung liest sich folgendermaßen:

> Am 1. Dezember 1811. Sarah Baartman, Hottentottenfrau aus der Kolonie vom Kap der Guten Hoffnung, geboren an der Grenze des Kaffernlandes, ist heute mit schriftlicher Genehmigung des Bischofs von Chester getauft worden.

Warum diese Taufe? Es ist eher unwahrscheinlich, dass Saartjie plötzlich von der göttlichen Gnade heimgesucht wurde und zum Christentum übergetreten ist. Denkbar wäre viel eher, dass Hendrick in dieser Taufe eine Möglichkeit sah, seiner Hottentottin ein Leumundszeugnis mitzugeben. Dies konnte sich während des riskanten Umherreisens als nützlich erweisen, das sie höchstwahrscheinlich nach Wales und sogar nach Irland führte. Bis 1814 zogen sie so umher. Ihre Spur verliert sich in dem Desinteresse, das auf den Aufsehen erregenden Prozess folgt. Vergessen ist der Starrummel! Die »Venus« ist nur noch eine Kuriosität für Dorfbewohner. Die Zeiten, wo in den Straßen der Hauptstadt zu den Klängen der Leierkästen »Die Ballade der Hottentottendame« vorgetragen wurde, sind vorbei:

> Waren Sie in London,
> Um sich die Sehenswürdigkeiten der Stadt
> anzusehen?
> Man kann dort die berühmteste Frau sehen,
> Sie wohnt in Piccadilly,
> In einem prächtigen Haus,
> Auf dem man folgende in Gold
> Geschriebene Worte lesen kann:
> »Die Hottentotten-Venus«.
> Und wenn Sie fragen, warum sie dort lebt
> Und was ihren Ruhm ausmacht,
> Wird man Ihnen sagen, dass sie einen Hintern hat,
> Der so breit ist wie ein Kochkessel.
> Deshalb drängen sich die feinen Herren,
> Um die bewundernswürdige Hottentottin zu
> sehen …

III

Pariser Ruhm

Die letzten Jahre, die Saartjie Baartman – inzwischen Sarah mit Vornamen – in England lebte, sind ebenso nebulös wie die Landschaften der Midlands, wo sich ihre Spur zwischen 1811 und 1814 verliert. Keine Chronik gibt Auskunft über einen Vorfall oder ein besonderes Aufsehen, das eine ihrer Darbietungen ausgezeichnet hätte. Diese Stille, nach so viel Beachtung, lässt vermuten, dass Hendrick und seine »Venus« zu jener Zeit ein sehr bescheidenes Leben führten.

In der Tat waren die Zeiten für Manchester, Liverpool und Sheffield nicht rosig. Charles Besnier, ein französischer Ingenieur, zeigt sich in seinem Bericht über seinen Besuch dieser Orte bestürzt vom Elend der Arbeitertöchter, die er in der Nähe von Salford gesehen hat:

> Es tat weh, diese armen Dinger zu sehen, die in Fetzen, in dreckige Lumpen gekleidet waren und ein schmutziges Taschentuch um den Kopf geknotet hatten. Einige gingen barfuß, andere trugen abgetretene, zerrissene Schuhe, die sie auf der Straße aufgelesen hatten. Oftmals waren diese ungleich, da sie manch-

> mal ursprünglich für Männerfüße gedacht waren. Großer Gott, welch widerwärtiges Elend! Kann es sein, dass es in einem nach außen hin so reichen Land Menschen gibt, die derart arm sind!

Die industrielle Revolution erlebte dort ihre ersten Rückschläge. Sie trieb das neue Proletariat auf die Straßen, das seine Verzweiflung in den Tumulten von 1811 und 1812 hinausschrie. Die Gereiztheit der Bergarbeiter und der Weber von Lancashire förderte nicht gerade ihre Bereitschaft, sich an der Darbietung einer unterdrückten Schwarzen zu ergötzen.

Hendrick und Sarah umgingen die unruhigen Städte des Nordens und machten sich auf in Richtung südliche Grafschaften – Hampshire, Sussex, Kent –, die für ihr milderes Klima bekannt waren. Das brachte neuen Ärger mit sich. Diese ländlichen Provinzen waren damals selbst durcheinander geraten. Die Kleinbauern erlebten einen zermürbenden Krieg gegen die Ausdehnungsbestrebungen der triumphierenden Bourgeoisie. Unaufhörlich vergrößerten die Großgrundbesitzer ihre Ländereien auf Kosten der bescheidensten Landwirte. Die Bauern waren verarmt oder ihrer Äcker enteignet und daher wenig geneigt, Gauklern ein Almosen zu geben.

Der umherziehende Bure, der es leid war, vergeblich durch die Lande zu ziehen, schleppte die »Venus« in die Küstenhäfen mit: Weymouth, Bournemouth, Portsmouth, Hastings … Dort muss in Hendrick Caezar die Idee herangereift sein, ihr bereits schal gewordenes Abenteuer neu zu beleben: mit der Überquerung des Ärmelkanals. Wies ihnen nicht die Geschichte, die Weltgeschichte, den Weg? Der von den Alliierten besiegte Napoleon hatte gerade abgedankt, Fontainebleau verlassen und war auf der Insel Elba. Ganz England feierte den Sieg. In Frankreich hatte König Ludwig XVIII. am 3. Mai 1814 wieder den Thron bestiegen. Genau in diesem Siegestaumel beschließt Caezar über das neuerliche Schicksal der Hottentottin: Sie wird Paris erobern!

Aber dem Plan stehen noch zu viele Ungewissheiten entgegen. Geldmangel, um die armselige, buchstäblich zerfetzte Garderobe zu erneuern. Dasselbe gilt für die Schiffsüberfahrt und die anschließende Reise. Nicht zu vergessen die fehlenden Französischkenntnisse. Alles schwierig zu bewältigende Hindernisse. Doch Caezar ist von seiner neuen Idee ganz begeistert. Da er sie nicht selbst verwirklichen kann, wird er sie verkaufen – und Sarah auch.

Wo hätte solch ein Geschäft eher über die Bühne gehen können als in einem jener Pubs, die die Kundschaft in die verwinkelten Straßen des alten Hafens von Folkstone oder Dover ziehen? Genau dort – warum auch nicht? – hat Hendrick Caezar nach vielen geschmauchten Pfeifen und mehreren Pints Bier einen gewissen Henry Taylor überzeugen können, ihm seine gesamten Rechte an den Auftritten abzukaufen, die die Venus auf französischem Boden geben sollte.

Sicher ist jedenfalls, dass der Handel abgeschlossen wurde und dass sich Sarah Baartman und Henry Taylor im Lauf der ersten Septemberwoche schon richtig in Paris eingerichtet hatten. Dies beweist der folgende Brief, den Taylor am 10. September 1814 an Professor André Thouin, den Kurator des Pariser Museums für Naturgeschichte, richtet:

> Sehr geehrter Herr,
> das Original der beigefügten Porträt-Radierung, das von den Ufern des Flusses Gambdos im südlichen Afrika stammt, befindet sich derzeit in Paris und muss der Öffentlichkeit zur Besichtigung vorgeführt werden. Der Naturforscher wird am besonderen Körperbau dieses Hottentottenstammes ein interessantes Phänomen feststellen. Bevor der Saal für die Öffentlichkeit geöffnet wird, schlage ich eine Sonderausstellung vor und wäre sehr geschmeichelt, wenn Sie mir mit Ihrer Anwesenheit bei dieser Gelegenheit am Dienstag, den 13. des Monats, rue Neuve-des-Petits-Champs Nr. 15, zwischen zwölf Uhr mittags und sechs Uhr die Ehre erweisen würden. Ihr ergebener Diener
> Henry Taylor

Dieser Brief ist sehr aufschlussreich. Er scheint von Hendrick Caezar verfasst worden zu sein. Man könnte sogar meinen, er sei von ihm eigenhändig geschrieben worden, als ob Caezar und Taylor ein und dieselbe Person wären. Aber diese Hypothese erscheint aus bereits erwähnten Gründen eher unwahrscheinlich: Aufgrund des Geldmangels und seiner fehlenden Französischkenntnisse hatte Caezar wenig Chancen, sich so schnell in Paris niederzulassen. Alles deutet darauf hin, dass er mit dem Erlös aus dem Verkauf der »Venus« seine Rückreise ans Kap finanziert hat. Aber ganz gewiss hatte er Taylor so etwas wie eine »Gebrauchsanweisung« für die Hottentottin dagelassen, und wenn es nur ein recht zerknittertes Exemplar des Textes war, den er vier Jahre zuvor in der *Morning Post* veröffentlicht hatte, um die Ankunft der »Venus« in London anzukündigen.

Im Übrigen muss einem die Ähnlichkeit der beiden Dokumente ins Auge springen: Dafür sprechen der Verweis auf die Ufer des Flusses »Gamtoos« (in Taylors Brief wird daraus »Gambdos«) sowie die Eindringlichkeit, mit der auf das »interessante Phänomen« hingewiesen wird, das die »Venus« als Exemplar des Hottentottenvolkes verkörpert. Vor allem aber sind beide »Agenten« gleichermaßen darum bemüht, die Darbietung der »Venus« mit dem Verweis auf die Aussagen kompetenter Autoritäten zu rechtfertigen: »Historiker und Literaten«, wie Caezar sie nannte. Während er aber diese Aussagen – die ihm gegenüber niemals gemacht worden waren – für sich in Anspruch nahm, sorgte Taylor dafür, dass die wissenschaftlichen Größen des Museums eingeladen werden, um Sarah in einer Vorpremiere zu untersuchen. Und dies mit der eindeutigen Absicht, dieses gelehrte »Gutachten« in der Werbung für die Darbietung zu zitieren. Diese Taktik hatte wahrscheinlich Caezar vorgeschlagen, der selbst sehr gern in den Genuss einer solchen Rückendeckung gekommen wäre.

Welche subtilen Motive liegen diesem Plan zugrunde? Welches Interesse hätte Caezar und später auch Taylor daran haben können, die Meinungen einiger Gelehrter zu dem »Phänomen« zusammenzutragen, das sie der Öffentlichkeit vorführten? Wie wir später noch genauer sehen werden, war Europa damals sehr stark von den Berichten der großen Reisenden beeinflusst, die – im Kielwasser des Engländers Cook und der Franzosen La Pérouse und Bougainville – die unbekannten Länder am Ende der Welt erforscht hatten. Diese großen Entdecker waren mit wundersamen Berichten sowie sagenhaften Tier- und Pflanzenarten, aber auch mit einigen seltenen, aus Afrika, Amerika oder Ozeanien stammenden menschlichen Wesen zurückgekommen, die der lebende Beweis für ihre Heldentaten waren.

Bereits 1769 hatte Bougainville einen Bewohner von Tahiti namens »Aotourou« nach Frankreich mitgebracht, dessen Streifzüge durch die Straßen von Paris scharenweise Neugierige angelockt hatten. Billige Exotik, gut und schön! Aber dass jetzt federgeschmückte Schwarze, merkwürdigste Tiere, grelle Farben und intensiv scharfe Gerüche ins Land kamen … All dies hatte die Phantasie der Völker des alten Europa neu belebt. Natürlich hatte die Illusion auch ihre Grenzen. Selbst die größten Träumer verstiegen sich nicht so weit, zu glauben, dass die alten Eichen im Wald von Vincennes sich plötzlich in Kokospalmen verwandelt hatten. Aber man bemühte sich, zu verstehen, wollte mehr darüber wissen. Gelehrte und Philosophen machten sich ans Werk, trotzten den Weltmeeren, befragten die berühmten Reisenden, sammelten und klassifizierten prachtvolle Pflanzen und verblüffende Tiere, deren Gravuren die Enzyklopädien bevölkerten: in Großbritannien die von Chambers, später die von Diderot und d'Alembert in Frankreich.

Begeistert verglich man verschiedene Menschenrassen miteinander: Weiße aus Europa, Gelbe aus Asien, Schwarze aus Afrika, Indianer Amerikas ... Natürlich erlagen auch hier einige der Versuchung, zwischen den einzelnen Rassen Hierarchien aufzustellen, die der Überzeugung von der Überlegenheit der weißen Rasse schmeichelten. Davon waren sie umso mehr überzeugt, als diese wissenschaftliche Neugierde zur selben Zeit wie die Eroberungen der Kolonien und die Einführung der Sklaverei aufkam.

Natürlich hat Diderot die Hottentotten zur Revolte aufgerufen. Auch Rousseau wurde gelesen, der den »Guten Wilden« ausgerechnet am Beispiel eines jungen Hottentotten verteidigt, der auf die Annehmlichkeiten der Zivilisation verzichtet, um den Naturzustand wiederzuerlangen: »Wahre Jugendzeit unserer Welt«. Der Hottentotte wird nämlich dann als Idealmodell – als Archetyp – des primitiven Menschen vorgeführt: »Eine brauchbare Idee, die sich in der Vorstellung des Abendlandes festgesetzt hat«, wie es François-Xavier Fauvelle definiert. Kurz: der Hottentotte ist in Mode. So erklärt sich auch, weshalb es Caezar, der den Plan ersonnen hatte, und Taylor, der ihn umsetzte, so wichtig war, die Echtheit ihrer Hottentottin durch die wissenschaftlichen Kapazitäten der damaligen Zeit anerkennen zu lassen.

Um keine Zweifel aufkommen zu lassen, achtet Taylor genau darauf, in seinem Brief an die Professoren des

Museums jegliche Anspielung auf die »Venus« zu vermeiden, die bewusst eigennützig wirken und die Wissenschaftler schockieren könnte. Als Hauptargument legt er seinem Schreiben ein Bild bei, das Sarah darstellt: »Eine Porträt-Radierung«, präzisiert er. In Wirklichkeit handelte es sich wahrscheinlich um einen Druck, den er aus einer der Londoner Zeitungen ausgeschnitten hatte, die über die »Venus« auf dem Höhepunkt ihres Ruhms berichtet hatten. Mit diesem Bild wollte er offenbar die Neugier der Empfänger wecken – aber vergeblich.

Taylors Brief vom 10. September 1814 hat seinen Empfänger, den Professor André Thouin, sehr wohl erreicht, und selbiger liest ihn am 14. September auf dem wöchentlichen Treffen der akademischen Kuratoren des Museums vor. Zu spät, als dass die gelehrte Versammlung auf den von Taylor in aller Eile angesetzten Termin, den 13. September, reagieren könnte.

Wie dem auch sei, die Versammlung der ehrwürdigen Männer schenkt Taylors Angebot kaum Beachtung. Selbst Cuvier – der berühmte Naturforscher, der damals auf dem Gipfel seines Ruhmes stand und später eine führende Rolle im Schicksal von Sarah Baartman spielen sollte –, hat an jenem Tag Wichtigeres zu tun. Zum Teufel mit der Hottentottin! Er bittet seine hochverehrten Kollegen Kuratoren, schnell ein paar Arbeiter mit dem Abriss des Kamins zu beauftragen, der ihm im Salon seines Diensthauses im Weg ist. Dieses Haus liegt auf dem Gelände des »Jardin du Roi«, der heute unter seiner republikanischen Bezeichnung »Jardin des Plantes« bekannt ist.

Cuvier interessiert es viel mehr, dass der englische Gouverneur vor seiner bevorstehenden Reise ans Kap der Guten Hoffnung dem Museum am 28. September einen Besuch abstatten will. Die versammelten Professoren beschließen, sich diesen Glücksfall zunutze zu machen und ihren ehrenwerten Gast zu bitten, ihnen für ihren Tiergarten ein paar typische Tiere aus Südafrika mitzubringen. »Vielleicht einen Elefanten«, hat sich Cuvier wohl gesagt. Er will nämlich seinen einzigen Dickhäuter ersetzen, der schon vor geraumer Zeit einen allzu neugierigen Besucher totgetrampelt hat, da dieser sich in seine Umzäunung gewagt hatte.

Taylors Einladung geht angesichts so wichtiger Ereignisse unter und wird nicht erwidert. Auch sein Brief wird kommentarlos zu den Akten gelegt. Daraufhin wiederholt der Engländer das Experiment, mit dem Hendrick Caezar so viel Erfolg gehabt hatte, als er Londons Bevölkerung über den Auftritt der »Venus« in der *Morning Post* informiert hatte. Taylor greift nun auf genau diese Methode zurück. Im *Journal de Paris* vom Sonntag, dem 18. September 1814, lässt er in der Rubrik »Vorstellung« folgende Anzeige erscheinen:

> Die Hottentotten-Venus, vor kurzem aus London eingetroffen, wird der Öffentlichkeit jetzt in der Rue Neuve-des-Petits-Champs Nr. 15 von elf Uhr morgens bis neun Uhr abends vorgeführt. Preis 3 Francs.

Dasselbe kostet ein Platz bei einer Veranstaltung, die ein gewisser Monsieur Olivier am selben Ort abhält. Das ist

N° 261. Dimanche 18 Septembre 1814, de la Lune le 5.

JOURNAL DE PARIS,
POLITIQUE, COMMERCIAL ET LITTÉRAIRE.

--- *La Vénus Hottentote*, nouvellement arrivée de Londres, est maintenant exposée au public, rue Neuve des Petits-Champs, n. 15, depuis onze heures du matin, jusqu'à neuf du soir. Prix, 3 fr.

»Täglich zehn Stunden Darbietung!«

billiger als die Eintrittskarte für das große Dorffest des *Tivoli* in der Rue Saint-Lazare, die 3,60 Francs kostet. Vor allem aber ist auffällig, welche fürchterliche Mühe Taylor Sarah aufbürdet: zehn Stunden Auftritt täglich!

Wie schon in London, hatte die Hottentotten-Venus auch in Paris offenbar sofort Erfolg. Taylor hielt es nicht für nötig, andere Anzeigen zu veröffentlichen, die das Interesse der Bevölkerung neu wecken sollten. Die Mundpropaganda genügte. Und der Engländer konnte sich ganz offensichtlich nur gratulieren für die Wendung, die die Ereignisse nahmen. Doch da änderte er plötzlich seine Meinung. Vielleicht war er der Ansicht, er habe sich die Taschen genügend vollgestopft. Vielleicht hatte ihn ein unvorhergesehener Zwischenfall verärgert. Jedenfalls verschwand auch Henry Taylor, wie vor ihm schon Alexander Dunlop und Hendrick Caezar, aus Sarah Baartmans Leben. Über die Umstände, unter denen sich die erneute »Übertragung der Befugnisse« vollzogen hat, ist nichts bekannt. So erfüllt sich das Schicksal dieses armen Mädchens. Gewisse Abschnitte ihres Lebens erscheinen sonnenklar, sodass man streckenweise ihren bewegten Lebensweg verfolgen kann. Doch dann verläuft ihr Leben in undurchsichtigen Dickichten, in denen sich die Spur verliert oder wo ihr Geheimnis noch undurchdringlicher wird.

Nachdem die Hottentotten-Venus aus der Rue Neuve-des-Petits-Champs Nr. 15 verschwunden ist, taucht sie bald darauf in der Rue Saint-Honoré Nr. 188 wieder auf. Inzwischen steht sie unter der Aufsicht eines neuen

Herrn, einem gewissen Réaux. Diesmal ist es ein Franzose und sozusagen ein Mann vom Fach, denn er ist Tierschausteller. Das traurige Abenteuer unserer Heldin sollte ausgerechnet in den Händen dieses gerissenen Burschen weitergehen.

Sie ist inzwischen 25 Jahre alt. Was ist aus den Träumen der jungen Afrikanerin geworden, die glaubte, sie könne Reichtum als Schlüssel zur Freiheit gewinnen? Sarah träumt nicht mehr. Der berühmte »Vertrag«, der sie an Dunlop und Caezar band und an den sie selbst noch bei ihrer Vorladung vor den Londoner Richtern glaubte, war offenbar nur ein Köder. Nachdem sich ihre letzten Hoffnungen im Lauf ihrer erbärmlichen Tournee quer über die Schlackenhalden der Midlands und die dreckigen Wege Hampshires verflüchtigt hatten, waren sie im Wind des Ärmelkanals davongeflogen.

Bei Taylor und bei Réaux ging es nicht mehr um den Vertrag, sondern ums Überleben. Nicht dass Sarah schlecht ernährt worden wäre – ihre Herren haben immer sorgfältig darauf geachtet, dass sie nicht abnahm. Verdienten sie doch ihr Brot mit dem übermäßigen Fett von Sarahs Hinterteil und Hüften. Der Alkohol hatte das Übrige getan, indem er ihren Verstand verflüssigte und ihre Verzweiflung auflöste. Ihr Körper konnte den schädlichen Auswirkungen des Schnapses, der Kälte und der Enttäuschungen immer schlechter Widerstand leisten. Von jenem Zeitpunkt an begann sie an einer Lungenerkrankung und an Hautausschlägen zu leiden.

Die Orte, an denen sie auftrat und wo sie wohnte, ließen ihr kaum eine Chance, ihre inzwischen angeschlagene Gesundheit zu erhalten. Réaux ließ sie in seiner eigenen Unterkunft in der Cour des Fontaines Nr. 7, der heutigen Place de Vallois, mitlogieren. Dort waren einst die Küchen des Palais-Royal untergebracht, ganz in der Nähe der Wasserbehälter, die die Brunnen und Gärten des Palastes speisten. Es waren feuchte, belebte Orte, wo angeblich die wohlgenährtesten Ratten der Hauptstadt lebten. Um diesen Hof hatten sich auch die Gaukler, die dort in der Nähe auftraten, mit ihren Geräten und ihren klugen Tieren niedergelassen. Es war also ganz logisch, dass auch Réaux mit seiner »Venus«, seinem Bären, seinen Affen und dem kleinen Ungeziefer – Flöhen, Läusen, Wanzen –, das diese Truppe vervollständigte, dort wohnte.

Aber wie wir gesehen haben, präsentierte er die Hottentottin den neugierigen Zuschauern in der Rue Saint-Honoré Nr. 188. An diesem merkwürdigen Ort stand früher die Kollegialkirche Saint-Honoré, die während der Revolution geschlossen und 1792 zerstört worden war. Inzwischen war aus diesen heiligen Stätten ein wahrer Hof der Wunderlichkeiten geworden. In der Nähe der Lokalität, in der Sarah Baartman damals auftrat, befand sich ein Bordell, dem als Latrinen die Gruft diente, in der einst ein gewisser Kardinal Dubois beerdigt worden war. Der Geruch der Heiligkeit war widerwärtigen Ausdünstungen gewichen.

Dieses ganze zwielichtige Viertel, das vom Palais-Royal bis zu Les Halles reichte, war damals die Welt des Amüsements und der Unterhaltung. Neben den Arkaden des Palais-Royal, einer Hochburg der Prostitution, liegen die kleinen »möblierten« Hotels garnis, deren Zweck man leicht erraten kann. Charles Lefeuve, einem zeitgenössischen Schriftsteller, verdanken wir die folgende anschauliche Beschreibung der Fräuleins vom Palais-Royal:

> Am Abend schienen diese Fledermäuse der Liebe im Garten und in den Galerien zu Hause zu sein. Aber die häutigen Flügel dieser Fleisch fressenden Säuger bewegten sich dort nur dicht am Boden.

Die Galerie des Bons-Enfants ist eigens den Spielhöllen und, nur für alle Fälle, einigen Pfandleihanstalten vorbehalten. Hier sind alle Arten von Glücksspielen vertreten: In den verrauchten Sälen wird Roulette, Biribi, Passe-dix, Trente-et-Quarante gespielt, und die Freudenmädchen spazieren im Ballkleid umher, denn Tanz ist besonders günstig zum Kundenfang. Vor allem im *Pince-Cul*, einem Tanzlokal, dessen Aushängeschild nicht eindeutiger sein könnte. Wein, Bier und natürlich Musik tragen zur Stimmung bei.

Aber das am häufigsten besuchte Etablissement dieses Viertels ist zweifellos das luxuriöse *Café des Mille Colonnes*, das wie ein venezianischer Palast ausstaffiert ist. Dort residiert – oder vielmehr thront – die berühmte Besitzerin, Madame Romain alias »*La Belle Limonadière*«, die Kaiserin am Tresen. Es heißt, ihre Schönheit habe scharenweise Leute angezogen, sodass der Verkehr in der Rue Saint-Honoré manchmal zum Stillstand kam und Wachmänner nötig waren, um das Kommen und

Gehen zu regeln. Madame Romain hatte nur einen – heimlichen – Makel, nämlich einen falschen Zahn, mit dem sie sich jedes Mal, wenn sie lächelte, auf die Unterlippe biss. Aber dies erhöhte ihren Charme anscheinend noch.

Das ist das bunt schillernde und faszinierende Universum, in dem Sarah Baartman wieder als »Hottentotten-Venus« auftreten wird. Wie schon seit vier Jahren wird sie auch hier mit dem Hintern wackeln und dazu auf ihrem merkwürdigen Instrument spielen. Die Konkurrenz ist hart. Es gibt nicht nur Straßenaufführungen, das Wachsfigurenkabinett eines so genannten Curtius, die Marionetten des Italieners Castagna und die chinesischen Schattenspiele Séraphins. Verlockend sind auch das lebende Nashorn, das in unmittelbarer Nähe, in der Rue de Castiglione, vorgeführt wird, oder das *Caveau du Sauvage*, ein dubioses Etablissement, wo ein Schwarzer Tänze und eindrucksvolle Verrenkungen vollführt. Es geht sogar das Gerücht, dass dieser komische Vogel aus den Tropen es eines Abends auf der Bühne mit einer Schwarzen getrieben hat.

Nicht selten wecken Schwarze im Unterbewusstsein der Weißen sexuelle Phantasien aufgrund der körperlichen Eigenschaften und erotischen Fähigkeiten, die man ihnen zuschreibt. Es könnte sogar sein, dass hierin die instinktgesteuerte Triebfeder für primitiven Rassismus liegt. Die Hottentotten-Venus kann sich dieser Entwicklung nicht entziehen. In der öffentlichen Zurschaustellung ihrer ausladenden Formen, »ihrer schlaffen Fleischmassen, ihrer unzüchtigen Geschmeidigkeit«, wie später

Edmond de Goncourt über eine andere Schwarze schreiben wird, sahen die Schaulustigen ebenso einen Hinweis auf übersteigerte Sexualität wie in ihren enormen Brüsten, den riesigen Gesäßbacken und den vergrößerten Geschlechtsteilen, die man unter diesem feinen Stoff, die dem Körper der Hottentottin seine Form gab, zu erraten suchte. Diese unerhörte Sinnlichkeit hatte etwas Obszönes, aber auch etwas Heiliges an sich, das heftig an das tiefste Innere des Zuschauers rührte. Verwirrt von seinen widersprüchlichen Trieben, flüchtete er sich in Gelächter und Anzüglichkeiten.

Das leicht erregbare, spottlustige Pariser Publikum war bald ganz vernarrt in die Hottentotten-Venus, die innerhalb weniger Wochen berühmt wurde. Wie schon in London bemächtigen sich die Zeitungen dieser Gestalt. Im Viertel Saint-Germain eröffnet ein edler Kurzwarenladen mit dem Firmenschild »Die Hottentotten-Venus«. Besonders das Theater jedoch wird sich Sarah Baartmans Ruhm in Paris widmen.

Bereits am 24. Oktober 1814, fünf Wochen nach der ersten Vorführung unserer Heldin in Paris, spielt im Vaudeville *La Vénus Hottentote*, ein Einakter von Théaulon de Lambert, Dartois und Brasier. Diese drei Herren stellen in Rekordzeit ein Schauspiel auf die Beine, dessen Dümmlichkeit diesem Genre eigen ist. Es geht bei dieser Intrige um einen jungen Mann, Adolphe, der die Frauen, die ihn umschwärmen, leid ist und beschlossen hat, eine Wilde zu ehelichen:

Ja, von nun an will ich das grausame Reich der Französinnen meiden. Sie zu hassen macht meine ganze Hoffnung aus.

Daher auch der Untertitel des Stückes: »Hass den Französinnen«.

Diese Komödie ist vor allem deswegen interessant, weil sie den erstaunlichen Bekanntheitsgrad der Hottentottin zur damaligen Zeit hervorragend beschreibt. Es folgen ein paar bezeichnende Auszüge. Ein junger Adliger, der Chevalier, der nach einer gewissen Amélie schmachtet, hat ihr gerade die Afrikanerin geschildert:

AMÉLIE: Dieses Bild ist reizvoll. Es ist recht merkwürdig, eine Hottentottenfrau zu sehen.
CHEVALIER: Eine Frau! Das ist eine Venus, Madame! Eine Venus, die aus England zu uns gekommen ist und gerade jetzt bei allen Kennern Bewunderung auslöst.
AMÉLIE: Sie ist also besonders schön?
CHEVALIER: Oh! Von beängstigender Schönheit! (Er stimmt ein Lied an, wie es beim Vaudeville Tradition ist)

»Schon ganz Paris besingt sie,
diese erstaunliche Frau.
Wenig spricht sie.
Ihr Gesang wirkt barbaresk.
Ihr Tanz lebhaft und burlesk.
Ihre Taille wohl geformt.

Es heißt, dass die Ehe sie bindet,
doch diese Venus, wette ich,
gar niemals Liebe findet!«

AMÉLIE: Man spricht gewiss sehr viel darüber.
CHEVALIER: Es geht nur noch um sie ... Sie hat nette Hottentottenlieder, die so lustig sind ... Alle unsere Damen haben für diesen Winter bereits Kleider und gefütterte Morgenmäntel im Hottentottenstil bestellt...
[Die Handlung geht mit einer Reihe von verblüffenden Verwechslungen weiter.]
[Schlussszene: Der Chevalier entrollt das Porträt der Hottentotten-Venus und zeigt es den auf der Bühne Versammelten. Alle stoßen einen Schrei des Entsetzens aus.]

ALLE IM CHOR:
Welch wunderlicher Anblick!
Welch' bis dahin unbekannten Züge!
Von solcher Gestalt
Kann niemals eine Venus sein! (Vorhang)

Nicht zum ersten Mal ist ein schwarzer Mensch in Frankreich Mittelpunkt einer Intrige im Theater. Die Revolution hatte Komödianten auf die Bühne geholt, die die Rolle von Schwarzen spielten. Vergessen wir nicht, dass 1789 die Erklärung der Menschenrechte große Hoffnung auf Abschaffung der Sklaverei geweckt hatte. Aber die verfassunggebende Versammlung hatte eilends betont, dass die neue Verfassung nicht für die Regierungen vor Ort in den Kolonien gelte.

Später, im Februar 1794, wird der Nationalkonvent die Abschaffung in einem großen Anflug von Brüderlichkeit anordnen: »Heute wollen wir die Freiheit unserer Neger proklamieren!« Das Direktorium – das auf den Nationalkonvent folgt – wird diese Entscheidung nicht in Frage stellen. Aber 1802 wird Napoleon, damals alleiniger Konsul, die Sklaverei und den Sklavenhandel wieder einführen, um die Zahl der Arbeitskräfte zu erhöhen, die den Wohlstand der Siedler garantieren. Erst am 29. März 1815 ordnet Napoleon bei seiner Rückkehr von der Insel Elba nun seinerseits die Abschaffung des Sklavenhandels an.

Genau in der Zeit, in der besonders heftig die Abschaffung der Sklaverei gefordert wird, tauchen die Schwarzen auf den Bühnen des Revolutionstheaters auf. Während der Zeit der verfassunggebenden Nationalversammlung, des Nationalkonvents und des darauf folgenden Direktoriums, in den zehn Jahren nach 1789, werden in Paris und der Provinz ungefähr 20 Stücke aufgeführt, in denen Schwarze vorkommen.

Allen Aufführungen ist gemeinsam, dass sie auf ein gutes Bild vom Schwarzen abzielen. Leider geraten diese guten Absichten oft zur Karikatur. Um zu zeigen, dass der Wilde im Grunde ein gutartiger Schwarzer ist, macht man ihn zum Simpel: »Du guter Herr. Ich nicht böse. Ich immer wollen dienen dir!« So auch in dem Stück *Adonis ou le bon nègre* von Bérard und Rosny, das 1798 aufgeführt wird. Auch in der Theaterfassung von *Paul und Virginie* ist der Schwarze Zabi so erfolgreich, dass man ihn in der Bühnenbearbeitung von *Manon Lescaut* wiederfindet, wo er es sich zum Ziel gesetzt hat, eine weiße Frau zu heiraten. Die Unwahrscheinlichkeit dieses Vorhabens hat natürlich den Effekt, das Publikum zum Lachen zu bringen. »Das«, bemerkt Carminella Biondi 1984 während eines Kolloquiums zum Thema *Le héros Noir dans le théâtre révolutionnaire* (deutsch: Der schwarze Held im Revolutionstheater) »ist der Preis, den der Schwarze hat zahlen müssen, um auf die Bühne zu gelangen und sich einen Weg ins Herz des französischen Publikums zu bahnen.«

Man ist versucht, dieses Schema auch auf die Hottentotten-Venus zu übertragen. Hier haben wir eine Frau, der völlig bewusst ist, dass sie nacheinander von vier Gaunern ausgebeutet wurde, die ihren Körper vermarktet haben, obwohl er nach europäischen Maßstäben weiblicher Schönheit für plump befunden wurde. Zu dieser Demütigung musste sie obendrein noch die Qualen ertragen, die ihr von den Londoner Zuschauern zugefügt wurden, die ihr Fleisch betastet und ihr Schamgefühl verletzt haben. Nun war Sarah Baartman vier Jahre lang dieser Schmach ausgesetzt, ohne die Öffentlichkeit als Zeugen hinzuzuziehen für die Schändlichkeiten, deren Opfer sie war. In England hat sie geradezu mit verblüffendem Stolz die Fürsorge von Wohltätigkeitsorganisationen zurückgewiesen. Welcher heimliche Traum verlieh ihr diese merkwürdige Gelassenheit? Von ihr geht ein Geheimnis aus, das noch über ihren Tod hinaus andauern sollte und das trotz der morbiden oder fragwürdigen Gründe ihres Erfolgs die Sympathie des Pariser Publikums für sich gewinnen konnte.

Nicht nur die Nachtschwärmer vom Palais-Royal kommen, um sie anzusehen. Unter die Menge der Neugierigen mischt sich auch das kleine Volk aus den Vororten, die Spießbürger von Saint-Germain und die Kurtisanen von den Tuilerien. Ja, es scheint sogar, als sei Sarah manchmal eingeladen worden, bei Empfängen aufzutreten, die von reichen Privatpersonen veranstaltet wurden.

Einer Legende zufolge, die heute in Südafrika verbreitet ist, soll der große Naturforscher Cuvier auf einem von der Gräfin Du Barry organisierten Ball der Venus begegnet sein. Unmöglich! Jeder weiß, dass die Du Barry, die Favoritin Ludwigs XV., im Jahr 1793, während der Revolution, guillotiniert wurde, also mehr als 20 Jahre vor den mutmaßlichen Ereignissen. Der Grund für diesen Irrtum könnte – aufgrund der englischen Aussprache – eine Verwechslung der Namen *Barry* und *Berry* sein. Denn es wurde auch behauptet, Sarah Baartman habe ihre Talente auf einem Fest der Herzogin de Berry gezeigt. Auch das ist äußerst unwahrscheinlich, denn diesen Titel führte damals nur die berühmte Karoline von Bourbon-Sizilien nach ihrer Heirat mit dem Herzog Charles de Berry. Ihre Hochzeit wurde jedoch erst 1816, mehrere Monate nach dem Tod unserer Heldin, gefeiert.

Diese Lügenmärchen sind aber dennoch von Bedeutung. Sie veranschaulichen die außergewöhnliche Beliebtheit der Hottentotten-Venus, die aus der Gerüchte-

Die Hottentotten-Venus in den Salons der Herzogin de Berry
Aquarell von Cœuré, 1830. Privatbesitz.

küche der Klatschkolumnen über das mondäne Leben gespeist wurde. So konnte man in der Regenbogenpresse der damaligen Zeit, genauer gesagt in *Le Journal des Dames et des Modes* in der Ausgabe vom 12. Februar 1815 lesen, dass die Hottentotten-Venus der Star einer Abendveranstaltung gewesen sei, die der High Society von Paris vorbehalten war. Der – anonyme – Verfasser dieses Artikels beschreibt zunächst das Entsetzen, das Sarahs Ankunft bei dieser eleganten Gesellschaft ausgelöst hatte:

> Bei ihrem Anblick suchen alle unsere Damen erschrocken das Weite und verstecken sich eilends hinter den Vorhängen. Diese Bewegung, die der armen Venus

> nicht entgeht, versetzt sie plötzlich in tiefes Grübeln. Ihr Kopf neigt sich auf die Brust, und Tränen stürzen ihr aus den Augen.

Offensichtlich bewegt, beschreibt uns der Chronist daraufhin die junge Frau eher wohlwollend:

> Ihre Kleidung besteht aus einem fleischfarbenen eng anliegenden Wams und einem Hemdchen, das ihr gerade bis zu den Knien reicht. Ihr Gesicht ist flach und ihre Nase steht nur wenig vor, aber dafür hat sie ungeheuer pralle, hervortretende Hüften. Es ist eine Aphrodite callipygos. Ihre Füße sind klein, ihr Teint olivgrün, insgesamt ist es keine sehr verführerische Venus, vor allem wenn man die Venus von Medici gesehen hat. Sie hüpft, sie singt, sie spielt Tamburin. Man gibt ihr Bonbons, damit sie die eine oder andere kleine Drehung in ihrer Manier macht.

Dieser mehrseitige Artikel büßt jedoch ein bisschen von seiner Glaubwürdigkeit ein, als der Verfasser erklärt, er habe Sarah am Ende der Soiree mit der Droschke heimgebracht, damit sie ihm ihre Geschichte erzähle. Die Zusammenfassung dieser Vertraulichkeiten widerspricht allerdings den wichtigsten Punkten von Sarahs offizieller Aussage, die die Justizbeamten während des Londoner Prozesses vom Oktober 1810 niedergeschrieben und übersetzt hatten.

Es kann natürlich auch sein, dass die junge Afrikanerin in ihrer Melancholie ihre Geschichte ein bisschen beschönigen wollte. Es sei denn, der Erzähler hat Sarah selbst Worte in den Mund gelegt, um seine Leserinnen zu rühren. Er beschrieb sie nämlich wie eine Art afrikanischer Prinzessin, die angeblich folgendes Bekenntnis abgelegt hat:

> Mein Vater führte die Jäger an, und meine Mutter war diejenige, die die Feste ausrichtete. Alle wollten mit ihnen Familienbande knüpfen, und ich war überall gefragt. Solkar war derjenige, dessen Worte am tiefsten in mein Herz drangen. Von den 20 Geschenken, die ich bekam, nahm ich nur seine an. Der Tag stand fest, die Stämme waren versammelt, die Feuer brannten auf dem Berg. Und ausgerechnet diese Feuer verrieten uns!

Und weiter beschreibt Sarah den Angriff der »barbarischen Europäer« und die heldenhafte Verteidigung der Krieger, die von dem mutigen Solkar mitgerissen wurden:

> Da sie zahlenmäßig unterlegen waren, kamen alle ums Leben. Und wir, die unglückseligen Opfer, die der Tod nicht nehmen wollte, wir wurden mit kurzen Stricken festgebunden und von den Bösewichtern aus unseren geliebten Wäldern fortgebracht, mussten tausend Kränkungen erleiden und wurden auf schwimmende Bäume gebracht, von denen aus wir nur noch die Meere und die Wolken sahen.

Dieses Epos, das an eine Corneillesche Tragödie denken lässt und von Sarah in einem Sprachengemisch aus »Englisch, Französisch, Holländisch und Hottentottisch« erzählt wird, berichtet von der angeblichen Festnahme des jungen Mädchens und ihrer Gefährtinnen durch die Buren. Aber wir erinnern uns, dass Sarah fünf Jahre vorher vor den Richtern des Londoner Gerichts behauptet hatte, ihre Mutter sei gestorben, als sie selbst zwei Jahre alt war. Und dass damals ihr Vater – ein Herdenführer, kein Jäger – bereits von den Buschmännern auf dem Weg ans Kap getötet worden war. Hier verliert der faszinierende Bericht aus *Le Journal des Dames et des Modes* völlig seine Glaubwürdigkeit. Aber es wäre ungerecht, würde man es dem anonymen Verfasser übel nehmen, dass er sich dieses nette Märchen über Sarah Baartmans Jugend ausgedacht hat. Denn seine moralische Haltung offenbart sein Mitgefühl mit der Hottentotten-Venus, wie es zu jener Zeit nur wenige Menschen besaßen. Sein Schluss liest sich so:

> Ich verließ die Fremde, wirklich berührt von ihrem Kummer, sah aber kein Heilmittel dagegen. Man stelle sich, sagte ich mir, eine junge Französin vor, die bei einem Spaziergang in Südfrankreich am Meer sieht, wie am Strand Barbaren landen, die sie entführen und in einen afrikanischen Hafen mitnehmen. Von da aus gerät sie in die Hände eines Arabers, der sie das Atlasgebirge überschreiten lässt und sie nach Tombut im Negerland bringt, wo er sie den Wilden wie eine Pariser Venus zeigt! Sie weint, stöhnt, ruft vergeblich

ihr geliebtes Land an. Sie muss fern von den angenehmen Dingen, die sie liebte, sterben. Doch genau das ist das Los der Hottentotten-Venus!

Vom einfachen Volk bis zu den mondänen Salons, nicht zu vergessen die Zuschauer des Vaudeville und die Zeitungsleser – alle Pariser werden die Venus bald kennen lernen. Alle, außer den Gelehrten des Museums für Naturgeschichte, die allerdings als Erste von ihrer Ankunft in der Hauptstadt informiert worden waren. Wir erinnern uns, dass Henry Taylor ihnen am 10. September 1814 – ohne Erfolg – vorgeschlagen hatte, die Venus in einer Art Vorpremiere anzuschauen. Fünf Monate später sind es ausgerechnet diese distinguierten Herren, die die Initiative ergreifen und Herrn Réaux auffordern, ins Museum zu kommen, um ihnen die Hottentottin in diesem Tempel der Wissenschaft vorzuführen. Dies beweist der folgende Brief des hochverehrten Professors Étienne Geoffroy Saint-Hilaire an Monsieur Boucheseiche, den Leiter der ersten Abteilung der Pariser Polizei vom 16. Februar 1815:

Monsieur,
wir würden gern von dem Umstand profitieren, den uns die Anwesenheit einer Buschfrau in Paris gibt, um noch genauer, als bisher geschehen, die Unterscheidungsmerkmale dieser eigenartigen Rasse festzuhalten. Zu diesem Zwecke haben wir uns an den Herrn dieser Frau gewandt, die in der Öffentlichkeit unter dem Namen Hottentotten-Venus vorgeführt

wird, aber er hat unserem Wunsch die Verpflichtungen entgegengehalten, die er gegenüber Ihrer Behörde eingegangen ist. Da Monsieur Réaux Ihre Erlaubnis benötigt, um seine Hottentottin in den Jardin du Roi zu bringen, bitten wir Sie, so gütig zu sein, sie ihm zu erteilen.

Mehrere Wochen verstrichen, bevor Geoffroy Saint-Hilaire mit diesem Brief Erfolg hatte. Nicht dass der Polizeibeamte nachlässig gewesen wäre oder Monsieur Réaux sich geweigert hätte, seine Hottentottin die Seine überqueren zu lassen. Nein, es war der Lauf der Geschichte, der die Sache verzögerte.

Am 1. März 1815 wird nämlich bekannt, dass der auf die Insel Elba verbannte Napoleon gerade in Golfe-Juan gelandet ist und zusammen mit den Truppen, die ihn eigentlich festnehmen sollten, auf seinem Triumphzug nach Paris bei der Bevölkerung Begeisterung entfacht. Am 20. März trifft der Kaiser in der Hauptstadt ein, die Ludwig XVIII. gerade überstürzt verlassen hat.

Im Lauf der letzten Märztage, als das Kaiserreich kurzzeitig wieder auflebte, wurde Sarah Baartman endlich ins Museum eingeladen und dort von einem Kreis von Gelehrten untersucht. Sie sollte drei Tage dort verbringen, in denen sie die zahlreichen Beobachtungen der Naturforscher ungerührt über sich ergehen ließ. Am interessiertesten zeigte sich kein Geringerer als der berühmte Georges Cuvier. Von Arago »Napoleon der Intelligenz« genannt, verdankte er dem Kaiser viel, der ihn mit Ehrentiteln überhäuft und mit zahlreichen schwierigen Missionen im Zusammenhang mit der Organisation der Universitäten betraut hatte. Stendhal, der kritisiert, dass sich Cuvier für die Verteiler von Pfründen einsetzte, sagte über ihn, er sei »der treueste Bewunderer jener« gewesen, »die der Zufall damit beauftragt hat, im Namen des Staates Brot und Fische zu verteilen«. Tatsächlich sollte Cuvier sein politisches Engagement bald für seine eigenen ehrgeizigen Pläne einsetzen: Bereits nach Beendigung der Hundert Tage und nach Napoleons endgültiger Abdankung wird er sich ganz ungeniert dem Hof Ludwigs XVIII. anschließen.

Aber Cuvier ist vor allem ein großer Zoologe. Als solcher wird er einmal einer der Begründer der vergleichenden Anatomie werden. Und wir werden später sehen, wohin ihn seine Theorien über die Evolution der Tierarten führen werden. In seiner Eigenschaft als Anatom hatte Cuvier durchaus Gründe, sich für die Hottentotten-Venus zu interessieren. Die Beschreibung, die er zu einem späteren Zeitpunkt von ihr machte – mit liebenswürdigen Worten, die wirklich nichts mit wissenschaftlicher Beobachtung zu tun hatten –, lässt vermuten, dass er sich persönlich unter die Neugierigen gemischt hatte, die sich die Venus in der Rue Saint-Honoré ansehen wollten:

> Sie hatte ein fröhliches Wesen und tanzte nach Art ihres Landes, spielte dabei mit recht gutem musikalischem Gehör auf jenem kleinen Instrument, das man Maultrommel nennt […] Ihre Schultern, ihr Rücken,

> ihr Brustansatz besaßen Anmut. Ihr Bauch stand gar nicht so sehr hervor. Ihre etwas schmächtigen Arme waren sehr schön geformt und ihre Hand war entzückend. Auch ihr Fuß war sehr hübsch …

Kurz und gut, bislang hat man den Eindruck, Cuvier sei für den Reiz der jungen Schwarzen nicht unempfänglich. Aber plötzlich, als ob er wieder zur Besinnung käme, spricht aus seinen Worten der unerbittliche Ton des Gelehrten:

> Ihre Bewegungen hatten etwas Abruptes und Unberechenbares an sich und erinnerten an die eines Affen. Sie hatte vor allem eine Art, ihre Lippen ganz genauso vorzustülpen, wie wir es beim Orang-Utan beobachtet haben.

Es ist durchaus möglich, dass Cuvier mehr über die Hottentottin wissen wollte und deshalb persönlich vorgeschlagen hat, sie ins Museum kommen zu lassen, um sie sich genauer anzusehen. Wie dem auch sei, er war einer der aufmerksamsten Beobachter, als Sarah sich im Botanischen Garten des Museums den Untersuchungen der Gelehrten und den Blicken der Zeichner stellte. »Sie war daraufhin so nett«, schreibt Cuvier, »sich zu enthüllen und sich nackt malen zu lassen.«

Die Gelehrten, denen diese züchtig dargebotene Nacktheit nun gewährt wurde, studierten sie aus allen Blickwinkeln:

> Man konnte dann [berichtet Cuvier] überprüfen, dass ihr hervorstehendes Gesäß keineswegs muskulös war, sondern dass es sich um eine Masse von elastischer Beschaffenheit handeln musste, die unter der Haut zitterte … Die sich selbst überlassenen Brüste zeigten ihre großen hängenden Massen, die in einem schwärzlichen Warzenhof endeten … Sie hatte keine Behaarung außer einigen sehr kurzen Flocken aus einer Wolle, die an die ihres Kopfes erinnerte, und die hier und da auf ihrer Scham wuchsen. Doch bei dieser ersten Untersuchung bemerkte man die bemerkenswerteste Eigenart ihres Körperbaus nicht: Sie hielt ihre Schürze sorgfältig versteckt, entweder zwischen den Schenkeln oder auch tiefer, und erst nach ihrem Tod erfuhr man, dass sie eine gehabt hatte.

Ach! Werden wir je ermessen können, wie frustriert der Forscher gewesen sein muss, den das Schamgefühl seiner Patienten behinderte? Cuvier musste den geeigneten Moment abwarten, um endlich diese faszinierende Schürze betrachten zu können, die die Anatomen jener Zeit so verhexte. Aber in jenen schönen Frühlingstagen des Jahres 1815 steht Sarah Baartman auf dem Höhepunkt ihres Ruhms. Nachdem sie Berühmtheit erlangt hat, winken ihr nun sogar wissenschaftliche und künstlerische Weihen. Während die Gelehrten Maß an ihr nehmen und ihren Körper eingehend untersuchen, zeichnen nämlich Maler ihr Porträt: Nicolas Huet, Léon de Wailly und Jean-Baptiste Berré, zu denen sich der Physiologe Pierre Flourens gesellt hatte. Alle sind begabte Männer, für die

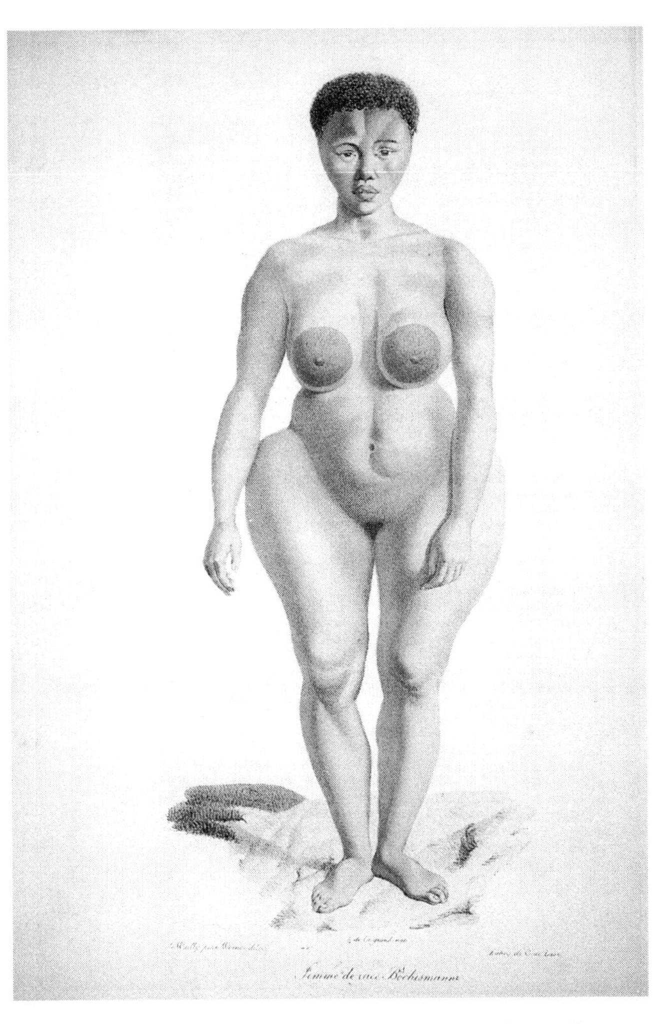

Porträt der Hottentotten-Venus von Léon de Wailly im Jardin du Roi im Frühjahr 1815 gemalt.

die Hottentottin anmutig unter den blühenden Bäumen des Botanischen Gartens posiert. Im Lauf dieser drei Tage entstehen mehrere Aquarelle auf Velinpapier. Alle sind von äußerster Zartheit. Auf dem Porträt von Wailly ist Sarah von vorn abgebildet. Ihre stark hellbraune Haut hebt sich vom riesigen und dunklen Hof ihrer Brüste ab. Ihr Gesicht zeigt verwirrte Scham. Man kann davon ausgehen, dass diese zurückgenommene Haltung nicht gestellt ist. Die junge Schwarze ist zwar daran gewöhnt, öffentlich aufzutreten, aber wenn, dann immer mit einem Schleier, sei er auch noch so leicht. Im Jardin du Roi, wo Forscher und Maler sie genau unter die Lupe nehmen, ist sie völlig nackt und umso sensibler für die Blicke, die sich auf sie richten und je nachdem, ob sie von einem Künstler oder Gelehrten kommen, anders wirken. So wird Berrés Aquarell von Hugh Honour mit Worten analysiert, die aufgrund ihrer ungewöhnlich feinen Wahrnehmung hier wiedergegeben werden sollen:

> Die Porträts von Sarah entsprechen in Frankreich einem Bemühen um Genauigkeit, das sich von den Übertreibungen der englischen Karikaturisten abhebt. Berré präsentiert sie unter vier verschiedenen Blickwinkeln mit der Wirkung von Distanz in der Mitte eines Blatts Papier, und der Maler hat sein Modell mit so viel Takt und Sensibilität wiedergegeben, dass, wenn man es von der größten bis zur kleinsten Darstellung betrachtet, das befremdliche Gefühl, das sich – zumindest bei einem modernen Zuschauer – auf-

grund der körperlichen Anomalie einstellt, dem Eindruck einer Art einsamen Umherirrens weicht.

Verglichen mit der scharfsichtigen Menschenfreundlichkeit, ja sogar der Zärtlichkeit, mit der die Maler die Porträts von Sarah angefertigt haben, sind die Beobachtungen der Gelehrten wahre Grausamkeiten. Wir haben gesehen, wie Cuvier undifferenziert die Physiognomie der jungen Frau mit der eines Orang-Utans gleichsetzt. Sein Kollege Geoffroy Saint-Hilaire wird in seinem Untersuchungsbericht, den er auf Réaux' Bitte hin schreibt, nicht minder grausam sein. Réaux hat – wie seine Vorgänger Hendrick Caezar und Henry Taylor – nämlich sehr wohl begriffen, wie wichtig in den Augen der Öffentlichkeit ein wissenschaftlicher Bericht sein könnte, in dem die außergewöhnliche Originalität seiner Hottentottin bescheinigt wird. Solch ein Dokument, unterzeichnet von einem angesehenen Gelehrten, wird in den Händen von Sarah Baartmans »Herrn« zu einer Art Diplom, das die Authentizität der erstaunlichen Merkmale seines »Schützlings« garantiert. Das sind die Gründe, weshalb der geldgierige Réaux – nicht zufrieden damit, Sarah der Öffentlichkeit preisgegeben zu haben – sie auch noch der Wissenschaft ausliefert.

Am 1. April 1815, kurz nach dem Besuch der Hottentottin im Jardin du Roi, beschreibt der Chevalier Geoffroy Saint-Hilaire, Kurator und Professor des Museums für Naturgeschichte, »die Frau Sara« in einem Bericht, dessen Manuskript heute eifersüchtig im Pariser Musée de l'Homme verwahrt wird. Wie schon Cuvier beginnt er mit der Beschreibung des Kopfes der Hottentottin, der seiner Meinung nach »einen noch gewaltigeren schnauzenartigen Mundansatz als der rote Orang-Utan« aufweist, »der auf den größten Inseln des Indischen Ozeans zu Hause ist«. Dann verweilt er bei der »wundersamen Größe des Gesäßes«, die ihn zu einem gewagten Vergleich zwischen diesem Phänomen und dem inspiriert, das sich bei den Weibchen der Makaken und Mandrills kurz vor der Menstruation beobachten lässt. »Diese Erkrankung«, sagt er, »führt bei ihnen zu einer Vergrößerung des Gesäßes, die in allen Punkten derjenigen entspricht, die ich bei der Hottentottenfrau von Paris feststelle.«

Geoffroy Saint-Hilaire war lange Zeit Spezialist für Teratologie, das heißt für Missbildungen bei Lebewesen. Er hatte selbst damit experimentiert, anomale Hühner schlüpfen zu lassen, indem er die Embryos während ihrer Entwicklung im Ei manipulierte. Ganz eindeutig beobachtet er die Hottentottin aus dem Blickwinkel des Teratologen. Indem er in seinem Bericht auf die anatomischen Merkmale eingeht, die er mit denen von Affen vergleicht, zeichnet er von der außergewöhnlichen Sarah ein bewusst tierisches Bild.

Anders als die Maler, die es auf ihren Porträts verstanden haben, die ganze Menschlichkeit ihres Modells zum Ausdruck zu bringen, will Geoffroy Saint-Hilaire die junge Frau anscheinend ins Animalische zurückstoßen. Cuvier macht es genauso, wenn er von »dem brutalen Aussehen ihres Gesichts« spricht und es mit dem des Orang-Utans vergleicht. Es wäre übertrieben, wollte man in der Haltung der beiden Gelehrten eine boshafte Absicht sehen. Vielmehr spiegelt sie ganz einfach den Stand der Wissenschaft zur damaligen Zeit wider.

Zu Beginn jenes 19. Jahrhunderts unterliegt die Anthropologie noch dem ererbten Einfluss der kontinentalen Rasseneinteilung, die Linné 1758 vertreten hatte: die Weißen Europas, die Gelben Asiens, die indianischen Roten Amerikas und die Schwarzen Afrikas. Auf dieser stark vereinfachten, grob gefärbten Palette sieht Linné in allen Europäern – auch wenn das den Spaniern, den Sizilianern und einigen anderen Mittelmeerbewohnern nicht passt – große blonde Menschen mit blauen Augen. Dazu ist anzumerken, dass er selbst Schwede ist.

Um das Maß voll zu machen, fügt Linné seinem Katalog einen fünften Menschentypus hinzu: die monströsen Menschen *(Homo sapiens monstruosus)* – also Menschen, die an Missbildungen leiden – Krumme, Bucklige, Schwachsinnige –, die es seiner Meinung nach nicht wert sind, in seine vier geografischen Kategorien eingereiht zu werden. Der Beschreibung nach zu urteilen, die Geoffroy Saint-Hilaire von der Hottentottin abgegeben hat, hätte Linné dieses arme Mädchen mit Sicherheit in die Gruppe der Letzteren eingeordnet.

Ein seltsamer Gelehrter, dieser Linné! Ebenfalls von ihm stammt die Klassifizierung der Menschen als »Säugetiere«, während sich die Naturforscher früher damit begnügten, den Menschen in die Kategorie der »Vierfüßler« einzuordnen. Man könnte nun meinen, Linné habe uns aufgrund einer streng wissenschaftlichen Denkweise als »Säugetiere« abgestempelt. Ganz und gar nicht!

Seine Klassifikation folgt rein moralischen, ja politischen Überlegungen. Dies offenbaren zumindest die letzten Arbeiten von Jonathan Marks. Laut diesem amerikanischen Anthropologen stand Linné – Arzt, aber auch Berater des schwedischen Königs – einem damals verbreiteten Brauch äußerst feindselig gegenüber, der darin bestand, Säuglinge einer Amme zu übergeben. Indem er Menschen als Säugetiere klassifizierte, wollte er zeigen, dass es die natürliche Aufgabe der Frau war, ihre Kinder selbst zu stillen – ein völlig berechtigtes Prinzip.

Aber diese Geschichte ist aufschlussreich. Sie zeigt, dass die Wissenschaft im Zeitalter der Aufklärung und in der ersten Hälfte des 19. Jahrhunderts Vorstellungen, die unmittelbar von der damaligen Ideologie vorgegeben wurden, zu wissenschaftlichen Prinzipien erheben konnte. Das sollte später auch bei dem Begriff »Rasse« so sein, der in erster Linie kulturelle Ursachen hatte und dessen hierarchische Klassifikation unweigerlich zum Rassismus führen musste.

So einflussreiche Gelehrte wie Cuvier und Geoffroy Saint-Hilaire sollten später – zweifellos ohne eigenes Verschulden – zu dieser Entgleisung beitragen. Sie genossen ein so hohes Ansehen, dass ihre Beschreibung von Sarah Baartman die Hottentotten lange Zeit auf die allerunterste Stufe der menschlichen Skala verwies.

Genau das ist seltsamerweise eine der gefährlichen Auswirkungen der Wissenschaft. Schon in der *Encyclopédie* war der Hottentotte nicht mehr der Archetyp von Rousseaus »gutem Wilden«. Wir werden im Folgenden sehen, wie im 19. Jahrhundert mit der Entwicklung der

Anthropologie ein wissenschaftlicher Rassismus aufkommt, der den Schwarzen im Allgemeinen und den Hottentotten im Besonderen in die – wie Cuvier es nennen sollte – »ewige Minderwertigkeit« verbannte.

IV

Posthume Schmähungen

Einige Wochen nachdem Sarah Baartman ihre üppige Nacktheit im Botanischen Garten des Museums den Blicken der Gelehrten und Maler dargeboten hatte, beehrte Napoleon diese Hochburg der Wissenschaft mit einem Besuch. Dieser fand am Nachmittag des 6. April 1815 statt. Es sieht nicht so aus, als habe man den kurz zuvor erfolgten Besuch der Hottentotten-Venus in dieser Gelehrtenschmiede erwähnt. Schade! Das hätte den Kaiser sicher amüsiert. Aber die Professorenversammlung – unter der Führung von Cuvier und Geoffroy Saint-Hilaire – beharrte vor allem auf der Notwendigkeit, neue Treibhäuser für die exotischen Pflanzen zu errichten.

Seine Majestät versprach Dinge, als würde seine Herrschaft ewig dauern. Doch zwei Monate später sollten die Hundert Tage zu ihrem Ende kommen. Der endgültige Niedergang kam am 18. Juni in Waterloo. Und am 22. Juni dankte Napoleon zum zweiten Mal ab und machte so den Weg frei zur Rückkehr von Ludwig XVIII.

Der Anhauch der Geschichte bringt den Alltag in den Straßen von Paris nur wenig durcheinander. Und die Hottentotten-Venus tritt wie gewohnt weiterhin in der Rue Saint-Honoré auf. Aber allmählich schwindet ihr

Ruhm, ihr Gesundheitszustand verschlechtert sich, ihre Hoffnungen sinken. Sie trinkt viel. Wein, Branntwein. Réaux macht sie – wie früher Caezar – mit Alkohol gefügig, damit er sie nach Belieben ausbeuten kann und sie ihm weiterhin mehr Geld einbringt als seine Affen und sein Bär.

Winter 1815. Ein strenger Winter. Die Dezemberkälte lässt die Hauptstadt frieren. Auf der Seine treiben Eisschollen. Der König macht 320 000 Francs aus seiner Schatulle locker, um den Armen zu helfen. Und *Le Moniteur* singt ein Loblied auf den Herrscher:

> Wer wäre nicht von Bewunderung und Rührung durchdrungen? Franzosen, hier ist euer Vater. Die Übel, die er nicht verursacht hat, lindert er immer durch selbst auferlegte Entbehrungen.

Ja ja, der gute König! Seiner sagenhaften Leibesfülle nach zu urteilen brauchte sich Ludwig XVIII. zum Glück keine allzu schmerzlichen »Entbehrungen« aufzuerlegen.

Rings um den Tuilerienpalast zittert Paris vor Kälte im Schnee. Bei dem Wetter hat keiner Lust, auszugehen. Die Vorführungen der Venus sind, wie alle anderen Aufführungen, ausgesetzt. Sarah klappert mit den Zähnen und muss in ihrer schäbigen Unterkunft Cour des Fontaines Nr. 7 das Bett hüten. Fieber und der Alkohol, den ihr Réaux statt Medikamenten großzügig verabreicht, haben ihre Gesundheit schwer angegriffen. Ihre letzten Kräfte sowie ihre einstigen Träume sind dahingeschwunden. Sie stirbt in der Nacht von Freitag, dem 29. Dezember 1815. Ob sie sich da an den Fluch erinnert hat, den der Fetischpriester etwa zehn Jahre zuvor von ihr nehmen wollte, indem er sie mit einem Gemisch aus Blut und Milch bespritzte? Er wollte ihr damit nicht helfen, diesen ohnehin schon unförmigen Körper loszuwerden. Vielmehr zielte er darauf ab, die Gefahren aus dem Weg zu räumen, die ihr durch den Besitz dieser überflüssigen Fleischmassen möglicherweise drohten. Sarah war tatsächlich Sklavin dieser übermäßigen Formen geworden, die ihr nur Unglück gebracht hatten. Selbst ihr Tod befreite sie nicht davon. Und das verleiht diesem schlichten Menschen die bemitleidenswerte Größe entwürdigter Opfer.

Nach der Diagnose, die Cuvier tags darauf bei der Autopsie stellte, ist Sarah einer »entzündlichen Krankheit (zweifellos einer Lungenentzündung), die noch durch eine Krankheit mit Hautausschlag (Blattern) kompliziert wurde«, zum Opfer gefallen. Vielleicht war es sogar Syphilis. Verschlimmert wurde das Ganze durch übermäßigen Alkoholgenuss, dem sie seit mehreren Jahren ausgesetzt war.

Bereits am nächsten Morgen eilt Réaux, noch bevor er den Todesfall im Rathaus meldet, ins Museum, um Geoffroy Saint-Hilaire die Nachricht zu überbringen. Man muss davon ausgehen, dass die beiden Männer bereits über Sarah Baartmans Tod gesprochen und sich überlegt hatten, wie sie sich in diesem Fall am besten verhalten sollten. Tatsächlich greift Geoffroy sofort zur Feder und verfasst zwei Nachrichten. Die erste ist für den Bürgermeister bestimmt:

Monsieur und Freund, dieses an Sie gerichtete Schreiben gebe ich Monsieur Réaux, der der Öffentlichkeit eine unter dem Namen Hottentotten-Venus bekannte Hottentottenfrau vorführt, die bei ihm zu Hause gerade gestorben ist. Er wird in Ihre Stadtbehörden kommen, um ihr Ableben anzuzeigen. Ich setze Sie davon in Kenntnis, dass die Verwaltung des Museums für Naturgeschichte an den Herrn Polizeipräfekten geschrieben hat, um von ihm zu erwirken, dass der Leichnam ins Anatomielaboratorium dieser Einrichtung gebracht werde und dort Zufluchtsstätte für den Fortschritt des menschlichen Wissens werden möge.

Die Formulierung zeugt von bewundernswertem Scharfsinn. Sarahs Leiche wird nicht als normaler Leichnam bezeichnet. Er wird zur »Zufluchtsstätte«, die dazu bestimmt ist, den erhabenen Besuch der Wissenschaft zu empfangen. Der Ton, den er in seiner zweiten Nachricht an den Polizeipräfekten anschlägt, ist viel weniger würdevoll, sondern ganz förmlich:

30. Dezember 1815. Herr Präfekt. Eine Frau aus dem Kaffernland, die von dem Herrn Réaux unter dem Namen Hottentotten-Venus gezeigt wurde, ist gerade in der Cour des Fontaines gestorben. Diese Gelegenheit, neue Auskünfte über diese einzigartige Rasse der Spezies Mensch zu erhalten, veranlasst uns dazu, Sie zu bitten, die Leiche dieser Frau ins Anatomielaboratorium des Museums für Naturgeschichte zu transportieren. Unser Kollege Monsieur Cuvier, der im

> Museum mit dem Unterricht in vergleichender Anatomie beauftragt ist, bittet mich, Ihnen zu versichern, dass er darauf achten wird, dass alle Maßnahmen des Anstands, den die Umstände erfordern, genau im Interesse der öffentlichen Ordnung getroffen werden.

Graf Anglès, Staatsminister und Polizeipräfekt, hat an jenem Tag andere Sorgen. Antoine de La Valette, Postdirektor während des Kaiserreichs und wegen Verschwörung gegen König Ludwig XVIII. zum Tode verurteilt, ist gerade in den Kleidern seiner Frau aus dem Gefängnis entflohen – und das einen Tag vor seiner Hinrichtung. Der Skandal hat sich schon wie ein Lauffeuer in der Hauptstadt verbreitet. Man spricht von einem Komplott. Die Abgeordnetenkammer wird sich der Angelegenheit annehmen. Und Graf Anglès, der seit dem Morgengrauen in seinem Büro auf und ab schreitet und Befehle in alle Richtungen brüllt, kümmert der Leichnam der Hottentottin herzlich wenig.

Trotzdem nimmt er sich die Zeit, eine ausführliche Notiz zu diktieren, mit der er den Transport von »Sarjee« (sic) ins Museum genehmigt:

> […] Unter der Bedingung, dass 1. die notwendigen Vorkehrungen, den Anstand betreffend, getroffen werden; 2. man sich für dieses Unterfangen mit dem Polizeikommissar des Viertels Palais-Royal abspricht, der ein Protokoll der Übergabe des Leichnams ausstellen wird.

Wenn der Polizeipräfekt La Vallettes Flucht für einige Minuten vernachlässigt, um ein Auge auf die Ausführung der Vorschrift bezüglich des Leichentransports zu werfen, dann aus dem Grund, weil er nur allzu gut weiß, dass seine Vorgänger unter ähnlichen Umständen einige Schwierigkeiten gehabt hatten. Gehilfen der Anatomiehörsäle waren beschuldigt worden, Menschenfett an verschiedene Leute verkauft zu haben. Besonders an Emaillierer, die dieses bei der Ausübung ihrer Kunst verwendeten.

Diese düstere Affäre hatte die Zungen hinsichtlich anderer widerwärtiger Praktiken, wie sie in verschiedenen Laboratorien gang und gäbe waren, gelöst. In Paris würden die Polizisten bestimmt nicht so schnell vergessen, dass Medizinstudenten am 2. April 1810 die Hochzeit von Napoleon und Marie-Louise auf ihre Weise gefeiert hatten: Sie entzündeten nämlich Lampions, die mit dem Fett brannten, das zuvor menschlichen Leichen entnommen worden war. Plötzlich war nach einer Anordnung vom 15. Oktober 1813 das Sezieren nur noch an offiziell dazu bestimmten Orten gestattet, nämlich an der Medizinischen Fakultät und am Hôpital de la Pitié. Nicht ohne den Hinweis, dass »die Überreste der Leichen auf den Friedhof von Clamart gebracht werden sollen, um dort bestattet zu werden«.

Diese Anordnungen, die auch weiterhin häufig übertreten wurden, müssen am 11. Januar 1815 Gegenstand eines Aufrufs zur Ordnung gewesen sein, der vom Generaldirektor der Polizei des Königreichs unterzeichnet war.

ADMINISTRATION DU MUSÉUM D'HISTOIRE NATURELLE,

AU JARDIN DU ROI.

30. 7bre 1815

Les profess. admin

à M. le Préfet de police

Monsieur le préfet

une femme du pays des [illegible] montrée par le S. Reaux sous

le nom de Venus hottentote, vient de mourir, rue des fontaines.

cette occasion d'acquérir de nouveaux renseignemens sur cette race

singulière de l'espèce humaine nous [illegible] porte à vous prier de

permettre que le cadavre de cette femme soit transporté au laboratoire

d'anatomie du Muséum d'histoire naturelle; notre collègue M.

Cuvier, [illegible] qui est chargé au Muséum de l'enseigne-

ment de l'anatomie comparée, nous prie de vous assurer qu'il veillera à ce que

[illegible] pour la circonstance [illegible]

[illegible]

[illegible] dans l'intérêt de l'ordre public

Recevez monsieur le préfet les assurances de notre

respectueuse considération

Brief von Geoffroy Saint-Hilaire an den Polizeipräfekten, Abschrift in deutscher Übersetzung siehe Seite 150–151.

Sicher ist Ihnen schon aufgefallen, dass das Museum für Naturgeschichte nicht zu den Pariser Einrichtungen gehörte, denen das Sezieren gestattet war. Eine Autopsie – wie die der Hottentottin – , die im Anatomielaboratorium des Museums vorgenommen wurde, konnte daher also angefochten werden. So war es 1816 der Fall, als das Krankenhospiz Hôtel-Dieu sich weigerte, Leichen ins Museum transportieren zu lassen. Erst ein offizielles Schreiben vom 29. Oktober 1816 – mehr als neun Monate nach Sarah Baartmans Tod – ermöglichte es, dass die Leichname von Personen, die in Hospizen gestorben waren, dem Museum zum Sezieren und für den Anatomieunterricht zur Verfügung gestellt wurden.

Georges Cuvier wird also aufgrund eines Vorrechts, in Verbindung mit dem Prestige, das das Museum genoss, die Autopsie von Sarah Baartmans Leiche vornehmen. Da das Anatomielaboratorium nur über sehr beschränkte, der damaligen Zeit entsprechende Mittel zur Konservierung verfügt, wird diese Sektion vermutlich gleich nach Anlieferung der Leiche, am Abend des 30. Dezember, einem Samstag, stattgefunden haben.

Überdies ist Cuvier ungeduldig. In seinem Untersuchungsbericht bringt er zum Ausdruck, dass es ihn drängt, sich die Schürze der Venus genauer anzusehen, die er zu seinem großen Bedauern nicht nach Belieben hatte erkunden können, als die Hottentottin sich im Botanischen Garten aufhielt:

> Gegenstand der ersten Forschungen musste dieses außergewöhnliche Anhängsel sein, das die Natur, wie

> es hieß, zu einem besonderen Merkmal ihrer Rasse gemacht hatte. Man fand es auch sogleich, und obwohl zu erkennen war, dass es genau das war, was Péron beschrieben hatte, konnte man unmöglich die Theorie dieses unermüdlichen Naturforschers übernehmen. Die Schürze ist nämlich mitnichten, wie er behauptet hat, ein eigenes Organ … sondern eine Vergrößerung der kleinen Schamlippen.

Um sein Protokoll zu untermauern, wird Cuvier handfeste Beweise hinzufügen. Er greift zu seinem Skalpell und entfernt die Vulva – die später als »Geschlechtsorgane« bezeichnet wird – und den Anus, um sie in einem Gefäß aufzubewahren. Vorsorglich hat er vorher aber einen Wachsabdruck davon anfertigen lassen. Diese anatomischen Teile werden daraufhin der Akademie für Medizin übergeben, bevor sie auf die unterschiedlichsten Irrwege gelangen und dann auf geheimnisvolle Weise verschwinden.

Anschließend macht sich Cuvier daran, das Hinterteil zu untersuchen, mit dem die Venus berühmt wurde:

> Ich war neugierig zu erfahren, ob die Beckenknochen irgendwelche Veränderungen durch dieses außergewöhnliche Übergewicht erfahren hatten. Ich habe also das Becken meiner Buschfrau mit den Becken von Negerinnen und verschiedenen weißen Frauen verglichen. Ich habe herausgefunden, dass es erstgenannten mehr ähnelt: im Verhältnis kleiner, weniger ausgebuchtet.

Die Sektion geht weiter mit der Entnahme des Gehirns. Es wird ebenfalls in einem Gefäß aufbewahrt, in dem sich ein für alle Mal die Illusionen in Luft auflösen, die Sarahs wahnwitziges Abenteuer für die Dauer von etwas mehr als fünf Jahren begleitet haben.

Schließlich löst Cuvier das ganze Skelett heraus, das Knochen für Knochen wieder zusammengesetzt wird und dann wie ein Gespenst den Gipsabdruck begleitet, dessen üppige Umrisse die Hottentotten-Venus unsterblich machen sollten.

Sarah Baartmans sterbliche Überreste werden nicht bestattet – ein Verstoß gegen die Verordnung von 1813, in der ausdrücklich steht, dass die Leichenreste nach einer Autopsie auf dem Friedhof von Clamart beigesetzt werden müssen. Wie wir sehen werden, ist diese Schmähung, die man der sterblichen Hülle der schwarzen Venus damit zugefügt hat, Thema heftiger Proteste vonseiten südafrikanischer Völkergruppen, die eine Wiedergutmachung für die Missachtung der Totenriten fordern.

Also gibt es für die arme Sarah keine Beisetzung. Vielmehr statt eines Begräbnisses eine Metamorphose ihres Körpers, die im Namen der Wissenschaft eine Wilde »naturalisiert« (welch merkwürdige sprachliche Entgleisung!), die aus ihrer wahren Natur herausgerissen wurde. Auf diese Weise in eine wissenschaftliche Trophäe verwandelt, tritt die Hottentotten-Venus ihr posthumes Schicksal an – für immer erstarrt in ihrer Rolle als ein Phänomen, das mehrere Generationen lang der Neugier eines immer neuen Publikums dargeboten wird.

In dieser Hinsicht zählt Cuvier, der mit eigenen Händen diese Veränderung an Sarah Baartman vornimmt, mehr oder weniger zu Männern wie Dunlop, Caezar, Taylor, Réaux und anderen, die die Hottentottin beraubt haben.

Sarahs Dasein »post mortem«, das ihr unter der Schirmherrschaft des ruhmreichen Museums für Naturgeschichte verliehen wird, wird ihr zwar einen Ruf bescheren, den sie sich selbst niemals hätte träumen lassen – jetzt ist sie sozusagen für alle Zeiten als Statue verewigt –, aber es ist ein sehr zweifelhaftes Ansehen, wie die weitere Geschichte zeigen wird.

Die Venus war für die Wissenschaft nämlich nur von untergeordneter Bedeutung. Nachdem Cuvier einen Körperabdruck angefertigt und sie seziert hatte, übergab man sie ihrer Bestimmung: der Zurschaustellung. Nicht aufgrund ihrer anthropologischen Merkmale, als Exemplar der Kulturgruppe, der sie angehörte, sondern – immer wieder – als Objekt anatomischer Kuriosität. Im Saal der vergleichenden Anatomie des Museums für Naturgeschichte stellte man sie neben die Monster, die Missbildungen, die Krüppel. Nebenan sind das Skelett eines Italieners, der einen überzähligen Wirbel hatte, der Zwerg »Bébé«, der dem polnischen König Stanislaus gehört hatte, und der Wachsabdruck einer Frau namens »Supiot«, deren Knochen allesamt weich und verbogen sind. Eine nette Umgebung! Schon zu Lebzeiten schlecht behandelt, betastet, gepiekst, gezwickt, weil man sich von der Echtheit ihrer auffälligen Formen überzeugen wollte, wird Sarah selbst nach ihrem Tod nicht besser behandelt. 1827 dann große Bestürzung! Der Kopf der Venus wird gestohlen! Ihr enthauptetes Skelett erregt weiterhin die Neugier der Besucher. Bis dieser Schädel einige Monate später von jemandem, der anonym bleiben will, unauffällig wieder an seinen Platz gestellt wird.

Zu dem traurigen Kapitel der verstreuten Überreste gehört auch die Haut der Hottentottin, die verschwand, nachdem Sarah von Cuvier auf dem Seziertisch abgehäutet wurde. Was ist mit ihr passiert? Statt einer Antwort berichtet der Anthropologe Percival Kirby im *South African Journal of Science*, dass Robert Knox, ein Anatom in Edinburgh, im Jahr 1850 behauptete, er habe in England die ausgestopfte Haut einer Hottentottenfrau gesehen: »Ein wahrlich kurioses Objekt«, bestätigte er gefühllos. Kirby lässt durchblicken, dass diese Haut die der Venus hätte sein können. Nichtsdestotrotz macht die Zerstreuung von Sarahs Körperteilen ihr tragisches Ende noch geheimnisvoller.

Und wie verhält sich die Wissenschaft bei alledem? Inwiefern haben die peinlich genaue Untersuchung durch eine Schar Gelehrter des Museums, der die lebende Sarah Baartman drei Tage lang ausgesetzt war, sowie die anschließende Zerstückelung ihres Leichnams durch den ehrwürdigsten dieser großen Männer die Kenntnisse über die Spezies Mensch erweitert? Wollte man diese Frage umgehen, so hieße das, nicht verstehen zu wollen, warum und weshalb die Hottentotten-Venus die Welten getauscht hat, indem sie das Reich der Bühne verließ und in das Reich der Wissenschaft eintrat.

Hier erweisen sich Cuviers Beobachtungen, die er

beim Sezieren der Hottentottin machte, als sehr aufschlussreich. Sie werden 1817 einer merkwürdigen Beweisführung dienen, die der Meister feierlich vor der Académie de Médecine ausführen wird. Ganz im Sinne seiner fixen Idee wird er es sich zur Pflicht machen, diesem Kreis das Gefäß zu zeigen, in dem Sarahs Geschlechtsorgane schwimmen: »So präpariert, dass sie keinen Zweifel an der Beschaffenheit ihrer Schürze aufkommen lassen.« Es folgen die bereits weiter oben erwähnten Kommentare zum Gesäß und zum Skelett der Afrikanerin. Der Höhepunkt von Cuviers Referat ist jedoch die Schlussfolgerung. Um deren Tragweite ermessen zu können, sollten wir uns daran erinnern, dass während des Ägyptenfeldzugs – von 1798 bis 1801 – die Gelehrten, die Napoleon auf seiner Expedition gegen die Mamelucken begleitet hatten, die Wunder der Pharaonenkultur entdeckt hatten. Bei ihrer Rückkehr hatten sie mit ihren Berichten die französischen Intellektuellen begeistert, die sich, fasziniert von den Pyramiden, der Sphinx, dem Horus-Kult und den Hieroglyphen, sofort für Erben der Schreiber Ramses' II. hielten.

Der Schotte James Bruce, der hier schon im Zusammenhang mit der »Schürze« der abessinischen Frauen erwähnt wurde, behauptete nun, die alten Ägypter seien die direkten Nachkommen der Schwarzen aus den Ebenen Ostafrikas. Cuvier brachte vor Entrüstung kein Wort mehr heraus. Wie konnte man es wagen, zu behaupten, dass die Pharaonen, die laut Cuvier unsere ehrwürdigen Ahnen waren, ihrerseits von afrikanischen Wilden abstammten?

Um Bruce' unerhörte Theorie zu disqualifizieren, wird Cuvier unter den versteinerten Blicken seiner Kollegen von der Académie de Médecine Sarah Baartmans Schädel schwingen:

> Fest steht eindeutig [*wird er sagen*], dass weder aus diesen Buschmännern noch irgendeiner anderen Negerrasse das berühmte Volk hervorgegangen ist, das die Kultur des alten Ägypten begründet hat und von dem man behaupten kann, dass die ganze Welt von ihm die Grundlagen der Gesetze, der Wissenschaften und vielleicht sogar der Religion geerbt hat …

Dann legt Cuvier mit theatralischer Geste den Schädel der Hottentottin wieder hin und führt den Kopf einer Mumie vor, den Geoffroy Saint-Hilaire aus Ägypten mitgebracht hat:

> Ich präsentiere hier einen Mumienkopf, damit die Akademie ihn mit dem von Europäern, Negern und Hottentotten vergleichen kann … Ich habe mehr als 50 Mumienköpfe untersucht, und ich kann versichern, dass es keinen einzigen gibt, der Merkmale von Negern oder Hottentotten aufweist!

Die Unterscheidung zwischen Schwarzen und Hottentotten spricht Bände über die Kategorisierung von Menschen: Nach Cuviers Meinung gehören Hottentotten auf die unterste Stufe der menschlichen Wesen! Diese hierarchische Einteilung der Völker sollte eine ebenso aufschlussreiche Fortsetzung mit dem Werk *L'Histoire naturelle des mammifères* erleben, das Geoffroy Saint-Hilaire und Frédéric Cuvier (Georges' Bruder) 1824 veröffentlichten.

Im Untertitel dieses Werkes ist angezeigt, dass es Originalabbildungen enthält, »die nach lebenden Tieren gezeichnet wurden«. Das erste dieser »Tiere« ist aber niemand anderes als die »Buschmannfrau« – Sarah Baartman –, wie sie Wailly im Jardin du Roi gemalt hatte. Die folgenden Stiche zeigen nacheinander den Braminenaffen, den Makak, den Schweinschwanzaffen und den Pavian ... Man könnte annehmen, es sei nicht wirklich schockierend, dass der Mensch zu den Tieren gezählt wird. Schon Linné ordnete die Menschen der Gruppe der Primaten zu. Aber warum zum Teufel wurde ausgerechnet die »Buschmannfrau« an die Spitze dieser Reihe gestellt und nicht ein Weißer? Es kann sich hier kaum um einen Zufall handeln, zumal es ja auch zu Sarahs Porträt einen Text gibt, den Georges Cuvier sieben Jahre zuvor der Académie de Médecine vorgestellt hatte. Ja, die letzten Zeilen, die den Ursprung der Ägypter betreffen, wurden sogar so verändert, dass jeder Zweifel an Cuviers Theorien zur Minderwertigkeit der Schwarzen ausgeräumt wurde:

> Es ist einfach, sich davon zu überzeugen, dass sie [die Ägypter] unabhängig von ihrer Hautfarbe zur selben Menschenrasse gehörten wie wir; dass ihr Schädel und das Gehirn dasselbe Volumen hatten; kurz, dass sie keine Ausnahme zu jenem grausamen Gesetz bil-

> deten, das die Rassen mit gedrungenem und zusammengedrücktem Schädel [anders gesagt: die Neger, mit den Worten Cuviers] scheinbar zur ewigen Minderwertigkeit verurteilt hat.

Der Begriff »ewige Minderwertigkeit« soll hier herausgehoben werden. Er bezeichnet eine neue Phase im Ausdruck des spontanen Rassismus, der sich damals herzlich wenig um jene Überlegungen schert, die man heute als »politisch korrekt« bezeichnet. Bereits Montesquieu, der große liberale Denker, bezweifelte im 18. Jahrhundert – in der Rolle des Teufelsadvokaten – nicht ohne Ironie, dass Gott, »der ein sehr weises Wesen ist, eine Seele, vor allem eine gute Seele, in einen ganz schwarzen Körper gesteckt hat«. So aufgeklärt sie auch sein mochten, die großen Geister der Zeit hatten keine Hemmungen, diese Art von gönnerhafter Verachtung, die sie für die Schwarzen empfanden, ohne Umschweife auszusprechen. Buffon und Lacépède widmen in ihrem Werk *Histoire naturelle* den Schwarzen ein Kapitel, das sie mit folgendem, berühmt gewordenen Satz einleiten: »Obwohl die Neger wenig Verstand besitzen, fehlt es ihnen nicht an Gefühlen.« Sie werden als anständige Leute mit »vorzüglichem Herzen« beschrieben. Und sie tragen, so Buffon, vor allem »den Keim aller Tugenden« in sich. Hier finden wir, wie wir schon weiter oben gesehen haben, das Stereotyp des »gutartigen Negers«, den man auf den Theaterbühnen zu ebendieser Zeit karikierte.

Wie bei Rousseau schließt dieser herablassende Rassismus die »minderwertigen«, »primitiven« Völker im Kleinkindstadium mit ein, das – so glaubte man – die weißen Gesellschaften ebenso durchliefen, bevor sie jene »Überlegenheit« erlangten, die sich zivilisierte Nationen selbst zuschrieben. Kurz, in den Augen der Weißen ist der Schwarze ein Kind, das man erziehen können muss. Diese Aufgabe überließ man den opferbereiten Missionaren.

Anfang des 19. Jahrhunderts gehen die Wissenschaftler von diesem Rassismus – den man nicht als »humanistisch« zu bezeichnen wagt – zum anthropologischen, eher technischen Rassismus über. Mit komplizierten Geräten messen sie den Schädelumfang, den Gesichtswinkel, den die Linie der Stirn mit der der Ohren bildet, die Beschaffenheit und Länge der Haare, die Farbnuancen der Haut, die Morphologie des Beckens ... Alles angeblich untrügliche Kriterien, die zu kategorischen Schlussfolgerungen führen wie zum Beispiel zur besagten »ewigen Minderwertigkeit« des Schwarzen, wie Cuvier sie betont hat.

Und so erscheint die Kraniometrie – Schädelmesslehre – im gesamten 19. Jahrhundert als die sicherste Methode, mit der man die Intelligenz von Einzelpersonen und unterschiedlichen Rassen bestimmen kann. In zahlreichen Forschungslaboratorien häufen sich Unmengen von Schädeln an. Gewisse Gelehrte werden zu wahren Kopfjägern, die die Friedhöfe durchwühlen, um dort Skelette zu enthaupten. Dies ist vielleicht eine Erklärung dafür, dass 1827 der Schädel der Hottentotten-Venus gestohlen wurde.

Einer der »Gehirn-Fetischisten«, der Amerikaner Samuel Morton, trägt in seinem Laboratorium, das von seinen Studenten den Spitznamen »Golgatha« bekam, mehr als 1000 Schädel zusammen. Er kommt schließlich zu dem Schluss, dass sich aus der Messung des Schädelumfangs eine Hierarchie der Intelligenzen ergibt, an deren Spitze die Deutschen, die Engländer und die amerikanischen Weißen stehen, wohingegen die Hottentotten und die Aborigines Australiens auf dieser Skala ganz unten rangieren.

In Frankreich leitet Paul Broca, unbestrittener Pionier der Gehirnforschung, im Eiltempo die Forschungen auf dem Gebiet der Kraniometrie. Er exhumiert hunderte von Schädeln auf drei Pariser Friedhöfen, um sie mit denen verschiedener Rassen zu vergleichen. So eilig hat er es, die Richtigkeit seiner Theorien zu beweisen, dass er sich am Ende lächerlich macht, als er in seiner Einfalt seine Vorurteile im *Bulletin de la Société d'Anthropologie de Paris* (1861) preisgibt:

> Für den Vergleich von Gehirnen wählt man Rassen, deren intellektuelle Ungleichheit ganz offensichtlich ist. Die Überlegenheit der Europäer gegenüber den afrikanischen Negern, den Indianern Amerikas, den Hottentotten, den Australiern und den Negern Ozeaniens ist so unbestreitbar, dass sie als Ausgangspunkt für den Vergleich der Schädel dienen kann.

Eine meisterhafte Beweisführung! Oder vielmehr eine bemerkenswerte Petitio principii, deren interessante Logik die Fakten, die Broca ja erst beweisen will, bereits für erwiesen hält. Seine Methode lässt am Ende lediglich seine Vorurteile erkennen.

Im gleichen Aufwasch will Broca dann das Gehirn von Männern und Frauen vergleichen. Auch da verstrickt er sich in seiner Gedankenführung, indem er die Logik von Ursache und Wirkung umkehrt, um seine sexistischen Theorien zu rechtfertigen:

> Man darf davon ausgehen, dass das relativ kleine Gehirn der Frau zugleich von ihrer körperlichen und intellektuellen Unterlegenheit abhängt.

Solche Schlüsse zog der berühmte Begründer der Société d'Anthropologie! Die Methode der Kraniometrie erlitt dadurch keinerlei Schaden. Später kam es vielmehr so weit, dass man das Gehirn berühmter Männer wog, während ihre Leichen noch warm waren. Welch herbe Enttäuschung! Man stellte nämlich fest, dass das Gehirn des großen Cuvier nicht gerade viel wog. Broca selbst lag nur knapp über dem Durchschnitt.

Trotzdem konnte die Kraniometrie den Kreis ihrer Anhänger immer mehr erweitern. 1853–1855 untermauert Joseph-Arthur de Gobineau in seinem *Essai sur L'inégalité des races humaines* (deutsch: *Versuch über die Ungleichheit der Menschenrassen*) – später Adolf Hitlers Lieblingslektüre – seine rassistischen Theorien, indem auch er sich auf das Dogma der Kraniologie beruft: »Die schmale, fliehende Stirn des Negers scheint auf geringeres Denkvermögen hinzuweisen.« Eine verhängnisvolle

Verdrehung einer angeblich wissenschaftlichen Technik.

In jener ersten Hälfte des 19. Jahrhunderts herrschte eine solche Begeisterung für die Fortschritte der Wissenschaft, dass man schließlich glaubte, die Wissenschaft kenne die Antwort auf alle Fragen, die die Menschheit sich stellte. »Die Wissenschaft«, sollte später Victor Hugo sagen, »spielt beim Fortschritt eine nützliche Rolle. Verehren wir diese großartige Dienerin.« Manchmal sogar unterwürfige Dienerin. Berauscht von ihrem Ansehen erweckten die Gelehrten manchmal den Eindruck, dass sie mit den Alibis aufwartete, die die jeweils herrschende Ideologie verlangte. Auf diese Weise fanden die Feinde der Abschaffung der Sklaverei genau wie die Befürworter der Expansion der Kolonien bequeme Rechtfertigungen im wissenschaftlichen Rassismus, der die Hottentotten in die Nähe von Affen stellte und alle Schwarzen unten auf der Menschenskala einstufte, indem er sie zu besagter »ewiger Minderwertigkeit« verurteilte. Kolonisatoren und Sklavenhändler konnten ein ruhiges Gewissen haben. Es war nämlich ein Leichtes für sie, wie Daniel Droixhe bemerkt, »die minderwertigen Völker, die wieder in das Schleppnetz des unaufhaltsamen Vormarschs des Geistes geworfen wurden, wie Usurpatoren des Raums zu betrachten, den sie besetzt halten.« Die starke koloniale Expansion im 19. Jahrhundert fand darin ihre Berechtigung und die Gewissheit, eine Mission für die Zivilisation zu erfüllen.

Anhänger der Sklaverei und Kolonisatoren waren nicht die Einzigen, die den wissenschaftlichen Rassismus als Argument ins Feld führten. Der Kirche kamen diese Theorien, die die Schwarzen auf die Stufe von Tieren verwiesen, damals gar nicht so ungelegen. Die Wissenschaft schien wie gerufen, um die berühmte »Verfluchung Hams«, der in der Heiligen Schrift ein Denkmal gesetzt wurde, zu rechtfertigen.

Ham war, so steht es in der Bibel, der zweite Sohn Noahs. Nachdem er seinen Vater überrascht hatte, als dieser nach dem Genuss von Wein nackt eingeschlafen war, machte er sich über ihn lustig, während seine Brüder eilends die Blöße des Vaters bedeckten. Um Ham zu bestrafen, verfluchte Noah ihn mit all seinen Nachkommen. Letztere – die Hamiten – gelten als Vorfahren der schwarzen Rasse. Bei seinem hartnäckigen Versuch, die »ewige Minderwertigkeit« des Schwarzen anhand von Schädeln zu demonstrieren, lieferte Cuvier einen stofflichen Beweis für die Verfluchung Hams. So war vom Schöpfer in der besten aller Welten alles bestens verfügt worden.

Abendländische Wissenschaft und Religion arbeiteten Hand in Hand, auch was die Theorien über den Ursprung des Lebens betraf. Die Kirche lehrte, dass in der von Gott geschaffenen Welt jedes Lebewesen eigens und endgültig geschaffen worden sei und diesen Zustand bis ans Ende aller Zeiten beibehalte. Folglich ist der Mensch, der von Adam und Eva abstammt, für immer und ewig vollkommen und unveränderlich. Dieses als »Kreationismus« bezeichnete Dogma wird heute vom Vatikan kritisch gesehen. Aber es hat immer noch sehr viele Anhänger, besonders in den Vereinigten Staaten.

Im 19. Jahrhundert wurde ebendiese Auffassung vom Ursprung der Arten, die direkt von der Bibel beeinflusst war, von Georges Cuvier glühend verteidigt, dessen Einfluss auf die Wissenschaft der damaligen Zeit unbestritten war. Sie beruhte in erster Linie auf seinen Paläontologiekenntnissen, die er sich bei der Erforschung von Fossilien ausgestorbener Tiere angeeignet hatte, welche er immer wieder bei Grabungen in den Steinbrüchen des Montmartre entdeckte. Überschwänglich feiert Balzac in seinem Buch *Die tödlichen Wünsche* voller Begeisterung den Ruhm des berühmten Cuvier: »Er hat die Geschlechter der Riesen im Fußknochen eines Mammuts wiedergefunden (…) Er erweckt das Nichts (…) ›Seht her!‹ Und plötzlich erwacht der Marmor, das Tote wird lebendig, und eine Welt tut sich auf.«

Als überzeugter Verfechter des Kreationismus vertrat Cuvier damals die Ansicht, die Fossilien könnten nur die Spuren von Tieren sein, die durch die Sintflut zugrunde gegangen waren. Die Arten, die diese Katastrophe überlebt hatten, waren – dieser Hypothese zufolge – seit der Schöpfung unverändert geblieben. Da Cuviers offizielle Doktrin den Segen der Kirche hatte, konnte er ebenfalls mit der Unterstützung vonseiten der politischen Machthaber rechnen. Bonaparte, den die Kriege, die er jenseits der Grenzen führte, völlig beanspruchten, hatte mit dem Papst Frieden geschlossen. Das Konkordat von 1801 hatte die Kirche Frankreichs sogar unter den Schutz der Regierung gestellt. Napoleon würde also ein Auge darauf haben, dass die Wissenschaft die Religion respektierte: »Rühren Sie meine Bibel nicht an!«, befahl er den Gelehrten. So war das Bündnis von Mikroskop und Weihwasserbecken zustande gekommen. Und wen hatte der Kaiser zum Hüter des Dogmas auserkoren? Georges Cuvier, der – zur Belohnung für die erwiesenen Dienste – geadelt und zum Ritter des Kaiserreichs erhoben wurde.

Doch da erhebt sich zaghaft eine Stimme aus den Reihen der Wissenschaft. Ein Naturforscher, Jean-Baptiste de Lamarck, Professor im Museum für Naturgeschichte, Schüler von Buffon und Freund von Geoffroy Saint-Hilaire, veröffentlicht 1809 unter dem offenbar harmlosen Titel *Philosophie zoologique* (deutsch: *Zoologische Philosophie*) ein Buch, das die überkommenen Vorstellungen umstößt. Er wagt zu behaupten, dass die Tierarten nicht endgültig für alle Ewigkeit unveränderlich seien, sondern sich evolutionär langsam im Lauf der Generationen verändert haben. Und dass diese Veränderungen mit der Vererbung von Merkmalen zu erklären sind, die nicht nur unter dem Einfluss des Klimas, sondern auch durch die Art erworben wurden, wie die Lebewesen ihren Körper gebrauchen. Diese Theorie lässt sich grob auf die berühmte Formel »Die Funktion schafft das Organ« bringen. Beispiele sind der lange Hals der Giraffe, der es ihr ermöglicht, die Blätter von hohen Bäumen zu fressen, oder die Schwimmfüße der Ente, mit denen sie besser schwimmen kann.

Welch ein Skandal! Diese »Abstammungstheorie« galt als Ergebnis einer ungezügelten Phantasie, die man heute als Science-Fiction bezeichnen würde. Sie stand in krassem Gegensatz zu der Lehre von der Konstanz der

Arten, die Cuvier verteidigte. Er reagierte heftig und prangerte den Schuldigen unverzüglich beim Kaiser an. Auf einem offiziellen Empfang in der Akademie versuchte Lamarck dem Kaiser sein neues Werk *L'Annuaire météorologique* zur Kenntnis zu bringen. Napoleon nutzte diese Gelegenheit, um ihn mit der Hand zurückzustoßen und den armen Gelehrten vor aller Augen mit seiner Verachtung zu zerschmettern: »Sie entehren sich auf Ihre alten Tage!«, sagte er zu Lamarck, der vor der ganzen besseren Gesellschaft schluchzend zusammenbrach.

Es erübrigt sich zu erwähnen, dass Lamarcks »Abstammungstheorie« daraufhin für lange Zeit in der Wissenschaft in Vergessenheit geriet. Der Tod des gestürzten Gelehrten 20 Jahre später reichte nicht aus, den Hass zu besänftigen, den Cuvier auf ihn hatte. In einer Begräbnisrede, die er zu Ehren des Verstorbenen halten sollte, gab er seinen Sündenbock unnachgiebig der Lächerlichkeit preis.

Und doch sollte die Zukunft Lamarck Recht geben. 1859, als Charles Darwins revolutionäre Ideen zur »Entstehung der Arten« veröffentlicht wurden, rechtfertigte dieser –natürlich ohne den Namen des Franzosen zu erwähnen – Lamarcks avantgardistische Konzepte. Ja, er ging sogar noch viel weiter, indem er der Lehre von der Konstanz der Arten und den kreationistischen Theorien den entscheidenden Hieb versetzte. Der Vorstellung von einer unveränderlichen, von Gott geschaffenen Welt setzte er eine rein materialistische Sichtweise der Natur entgegen, nach der sich die Arten unaufhörlich im Kampf ums Überleben verändern. Diese Theorie – die Evolutionstheorie – war schlicht und einfach revolutionär. Sie löste in der Wissenschaft des 19. Jahrhunderts einen regelrechten Schock aus. Die tiefsten Überzeugungen vom Ursprung des Menschen waren plötzlich ins Wanken gebracht. Die Reaktionen waren denn auch besonders heftig. Nicht nur vonseiten der Kirche und der viktorianischen Bourgeoisie, sondern auch bei den Gelehrten.

In Strafpredigten, Reden und Zeitungen zog man mit Beschimpfungen über den armen Darwin her, der sich seinerseits von »diesem gewiss unübertroffenen Ausmaß an Hass« überrascht und verletzt zeigte.

Und was für eine Unaufrichtigkeit! So schreibt ihm sein alter Freund, Robert Fitzroy – der ehemalige Kapitän der *Beagle*, auf der der junge Darwin zwischen 1831 und 1836 die südliche Hemisphäre erforscht hatte: »Ich für mein Teil finde die Vorstellung, vom obersten der Affen abzustammen, keineswegs sehr würdevoll.« Dieser Vorwurf ist umso ungerechter, als Fitzroy, hätte er sich die Mühe gemacht, Darwins Buch *Von der Entstehung der Arten* zu lesen, hätte feststellen können, dass es darin gar nicht um die Entstehung des Menschen geht. Selbst wenn man zwischen den Zeilen las, war es sehr schwer, in jenem Werk auch nur die leiseste Anspielung auf die Verwandtschaft des Menschen mit dem Affen zu finden. Dennoch handelte es sich dabei um eine alte Vorstellung, die schon Linné ein Jahrhundert zuvor in Worte gefasst hatte: »Man konnte noch kein richtig positives Merkmal entdecken, das es gestattet, den Menschen vom Affen zu trennen.«

1871 – erst 13 Jahre nach der Veröffentlichung von *Die Entstehung der Arten durch natürliche Zuchtwahl* – bezeichnete Darwin in seinem Werk *Die Abstammung des Menschen* den Affen als Vorfahren des Menschen. Allerdings präsentiert er seine Theorie vorsorglich in Form eines Rätsels:

> Der Mensch stammt von einem behaarten Säugetier ab, das einen Schwanz und spitze Ohren hat und das vermutlich auf den Bäumen lebte und die frühe Welt bevölkerte.

Eine überflüssige Vorsichtsmaßnahme. Entschärft durch den vorangegangenen Skandal wurde das Buch recht gut aufgenommen. Wenigstens wagte man nicht, es direkt anzugreifen. Denn es enthielt auch eine Moral. Darwin, der überzeugter Gegner von Rassismus und Sklaverei war, vermittelte hier die Botschaft, die ihm am Herzen lag:

> Die Erfahrung beweist uns leider, wie lange es dauert, bis wir die Menschen, die sich von uns durch ihr Äußeres und ihre Sitten unterscheiden, als unseresgleichen betrachten.

Auf diese Weise zeigte Darwin mit dem Finger auf die rassistischen Hintergedanken, die eine ständige Feindseligkeit gegenüber Schwarzen, Indianern und Asiaten und anderen schürten und die in den so genannten zivilisierten Ländern immer weiter bestanden.

In genau dieser gärenden Zeit der Gelehrsamkeit, der

Vorstellungen und Vorurteile haben sich wissenschaftliche Kreise der Hottentotten-Venus bemächtigt. Wie Stephen Jay Gould 1982 erklärte, veranschaulichen ihre zahlreichen Missgeschicke diesen Prozess auf grausame Weise.

> In der Rangordnung der Rassen und des Fortschritts der Menschheit konkurrierten Buschmänner und Hottentotten mit den australischen Aborigines um den niedrigsten Rang, direkt oberhalb der Schimpansen und Orang-Utans ... In diesem System übte Sartje (Sarah Baartman) eine unheimliche Faszination aus – nicht als fehlendes Glied – im späteren Sinn der Evolutionstheorie –, sondern als Geschöpf, das sich auf der bedrohlichen Grenze zwischen Mensch und Tier bewegte.

Es ist unnötig, sich noch länger bedeckt zu halten. Gerade das Drama der Hottentotten-Venus ist es, das in jener Zweideutigkeit aus ihr vor den Augen all jener, die sie in London, Paris und selbst nach ihrem Tod in den Sälen des Museums für Naturgeschichte, dann im Musée de L'Homme betrachten kamen, ein zugleich menschliches und tierisches Geschöpf, einen Mythos macht. Nicht den Mythos von der Göttin Venus – grausame Ironie –, sondern den von der Sphinx oder der Kentaurin, einem dieser Wesen mit Frauenkopf und Löwinnen- oder Stutenkörper, Phantasie-Inkarnationen der menschlichen Doppelnatur. Objekt »erschreckender Faszination«, wie es Stephen Jay Gould richtig erkannt hat.

Diese Faszination, die bisher jedes Publikum verspürte, hat aber auch vor den Gelehrten nicht Halt gemacht. Groß ist die Zahl derer, die nach Cuvier den Körper von echten oder angeblichen Hottentottenfrauen auf der Suche nach Geheimnissen ausgeforscht haben. Eine regelrechte Hottentottenmanie sollte die europäischen Biologen erfassen.

1834 lässt der Deutsche Johannes Müller vom Kap die Leiche einer alten Buschmannfrau kommen, um sie zu sezieren.

1853 bringt man eine junge Buschmannfrau aus Port-Natal nach London. Dieses junge Mädchen ist dazu bestimmt, wie einst Sarah Baartman 40 Jahre zuvor, ausgestellt zu werden. Am 16. Juni 1864 wird auch sie an einer Krankheit sterben. Sie wird daraufhin ins Royal College für Chirurgie gebracht, wo zwei Ärzte, Flower und Murie, ihre Sektion vornehmen.

1868 besorgt sich ein anderer Deutscher aus Ulm, Hans von Luschka, mit demselben Operationsvorhaben die Leiche einer ungefähr 30-jährigen Buschmannfrau namens Alfandy, die an Rippenfellentzündung gestorben ist.

1872 schließlich nutzt ein gewisser Gustav Fritsch aus Breslau während einer Reise ins südliche Afrika die Gelegenheit, der Leiche einer Hottentottin vom Stamm der Gonaqua die Geschlechtsorgane zu entnehmen, die er anschließend ins Anatomische Museum Berlin bringt, wo sie lange Zeit ausgestellt werden.

Bei all diesen Forschern trifft man auf dieselbe Besessenheit wie bei ihren Vorgängern Péron, Le Sueur,

Cuvier und Geoffroy Saint-Hilaire: sie wollen das Geheimnis um die Schürze und die Steatopygie, diese ungewöhnlichen Ausdehnungen des Körpers, lüften, die als Hinweise auf eine gesteigerte, obszöne, bestialische Sexualität verstanden werden. Das ist jedoch eine unhaltbare Vermutung, für die das Skalpell keinerlei Bestätigung liefert. Man wandte sich also von den Sektionen ab und kehrte zur Ausstellung zurück, die beim Zuschauer »das Vergnügen«, förderte, »erniedrigenden Szenen beizuwohnen« (Pierre Klossowski).

Am 7. Oktober 1886 präsentiert der ehrwürdige Professor Paul Topinard, Schüler von Paul Broca, den Mitgliedern der Anthropologischen Gesellschaft vier Buschmänner, deren Besonderheit darin besteht, dass sie zu einer Truppe gehören, die damals auf der Bühne des Folies-Bergère auftrat. Das ist zumindest für wissenschaftliche Kreise eine Neuheit. Es sind nämlich nicht mehr – wie zu Sarah Baartmans Zeiten – die Gaukler, die sich, wie einst Réaux, die Echtheit ihrer Bühnenstars mit einem wissenschaftlichen Gutachten bestätigen lassen. Mittlerweile ist es der Wissenschaftler, der die Varietétheater als Referenz für die Subjekte bemüht, die er vorführt. »Die Welt der Wissenschaft«, bestätigt François-Xavier Fauvelle, »hängt sich buchstäblich an die Varieté-Organisationen an.« Die Wissenschaft übernimmt damit den exotischen Zirkus.

Zumindest geschieht dies mit größerer Gründlichkeit im Hinblick auf die Herkunft dieser bedauernswerten Buschmänner, denn das Plakat des Folies-Bergère setzt sie den gierigen Blicken der Öffentlichkeit unter der Bezeichnung *Pygmäen aus Afrika* aus, und zwar zwischen der Nummer eines gewissen John Patty – »Der Kopf stehende Gleichgewichtskünstler« – und der des »Professors Farras und seiner Miniaturhunde«.

»Wie außerordentlich folgsam diese guten kleinen Wilden doch sind!« Nein, das ist kein Zuschauer des Folies-Bergère, der sich derart über das Talent der Zwergpudel auslässt, sondern ein berühmter Anthropologe, Professor Hamy, der mit diesen Worten die Vorführung der Buschmänner durch seinen Freund Topinard resümiert. Seine Bemerkung ist allem Anschein nach gutmütig gemeint. Aber da sie sich auf »gute kleine Wilde« bezieht, von denen der älteste über 40 Jahre alt ist, spricht aus ihr tatsächlich wieder einmal dieses Überlegenheitsgefühl des Weißen über den »Primitiven«, von dem erwartet wird, dass er sich folgsam unterordnet.

Sie sind nämlich alle gefügig, diese Hottentotten, die man zu jener Zeit quer durch Europa spazieren fährt und die bereitwillig bei den verschiedenartigsten Vorführungen vor unterschiedlichem Publikum – einfachen Neugierigen, Liebhabern von Exotik oder Wissenschaftlern von Welt – mitmachen.

1888 trifft in Paris eine neue Gruppe von 13 Hottentotten ein, bestehend aus sechs Männern, fünf Frauen, einem kleinen achtjährigen Mädchen und einem wenige Monate alten Säugling. Es dauert nicht lange, und die zeitgenössischen Zeitungen haben sie als Erben der Hottentotten-Venus präsentiert. Damit ist ihnen der Erfolg sicher. Prinz Roland Bonaparte – der Großneffe des Kaisers und ein großer Sammler – fotografiert diese Afrikaner aus allen Blickwinkeln. Eine eher mollige Frau namens Esthar (oder Esther) steht dem Maler Charles Toché Modell und ist ein Jahr später auf einem Fresko zu sehen, das auf der Weltausstellung von 1889 das traditionelle Afrika darstellt.

Die Männer der Wissenschaft haben ein Auge darauf, dass man ihnen ihren Star nicht entreißt. Im Juli 1888 kehrt Paul Topinard, inzwischen Experte für Hottentottologie, in den Jardin d'Acclimatation zurück, um diese neue Gruppe öffentlich zu untersuchen, so wie er es zwei Jahre zuvor mit der vom Folies-Bergère gemacht hatte. Aber diesmal muss er die Aufmerksamkeit des Publikums mit seinem Kollegen Deniker teilen.

Alle beide übertreffen sich in anatomischen Kenntnissen, um mit vielen Details die körperlichen Merkmale dieser Schwarzen zu beschreiben: »Die schwärzesten, die man kennt«, bestätigt Topinard. Wie Deniker lässt er sich lang und breit über die Maße, den Schädelumfang, die Steatopygie aus … Ja, er geht dabei so weit, fast aufs Grad genau den Winkel zu messen, den das hervorspringende Gesäß zur Waagerechten bildet.

Was aber das Objekt ihrer Neugierde betrifft, so haben die beiden Gelehrten nichts erreicht: die Schürze, deren Geheimnisse die Hottentottenfrauen in ihrer Schamhaftigkeit nicht so leicht preisgeben. »Das bedauern wir aufrichtig«, bekennt Deniker, »denn es ist eines der interessantesten Themen beim Studium der Hottentottinnen.« Topinard brüstet sich trotzdem damit, »ziemlich dürftig« das Vorhandensein der Schürze an Esther überprüft zu haben, nachdem er sie mehrmals inständig darum gebeten hatte. Dennoch gerät sie ihrerseits genauso in Vergessenheit wie ihr Porträt, das gleichzeitig mit den Pavillons der Weltausstellung von 1889 verschwindet.

Vom Prunk dieser Hundertjahrfeier der Revolution von 1789 blieb nur der Eiffelturm übrig, der breitbeinig auf dem Champ de Mars gegenüber den kümmerlichen Minaretten des Trocadéro steht. Genau dorthin, in dieses triste, 1878 errichtete Bauwerk wurden die Überreste der Hottentotten-Venus gebracht: der Abdruck ihres Körpers, ihr Skelett, ihre in Formalin eingelegten Organe.

Jules Ferry, der damalige Minister für öffentliches Bildungswesen, hatte 1878 beschlossen, dort das Musée de l'Ethnographie einzurichten, das von diesem Zeitpunkt an vom Museum für Naturgeschichte getrennt war. Eine armselige Bleibe, die von den Konservatoren wie folgt beschrieben wurde:

> In einem schlecht gebauten, für einen anderen Zweck errichteten Palast untergebracht, der dunkel und ungeheizt und mit provisorischen Schaukästen bestückt ist, die schlecht vor Staub, Feuchtigkeit und Insekten geschützt sind. Ohne Büros, ohne Lagerräume vermittelte das Museum den Eindruck eines Trödelladens.

Jahre verstrichen. Das 19. Jahrhundert ging, nach den Worten der Historiker, erst 1914, in den Schützengräben des Ersten Weltkriegs, wirklich zu Ende. Es gab dann also nicht mehr so viele Leute, die die Museen besuchten.

Im Dezember 1916 wendet sich das Blatt in der Schlacht von Verdun nach monatelangen blutigen Kämpfen zugunsten der Franzosen. In Paris schlägt ein älterer Herr namens Vaudez – Mitglied der Société des Amis du Muséum – René Verneau, dem Professor für Anthropologie, vor, den hundertsten Todestag der Hottentotten-Venus zu feiern (die, wie wir uns sicher erinnern, in Wirklichkeit am 29. Dezember 1815 gestorben ist). Die Idee ist für Verneau verlockend: »Sarah Baartman«, schreibt er, »ist eine Berühmtheit, die hundert Jahre nach ihrem Tod in der Öffentlichkeit beliebter ist als viele Gelehrte, Philosophen oder Politiker, die im Laufe des 19. Jahrhunderts gestorben sind.« Deshalb verfasst er für die Zeitschrift *L'Anthropologie* einen Artikel, der daran erinnert, was man damals über die Geschichte der Sarah Baartman wusste. Aber unvermittelt gleitet er ab und lässt sich zu einem anzüglichen Kommentar hinreißen:

> Ich weiß nicht, ob Dunlop von ihr viele häusliche Arbeiten verlangte, aber es steht fest, dass sie zahlreichen Bewunderern Gefälligkeiten erwies; das behauptete zumindest der Stadtklatsch, der bis auf uns gekommen ist. Noch vor 43 Jahren, als ich zum Museum kam, wurde bestätigt, dass sie diejenigen unter ihren Bewunderern nicht verachtete, die die aus Sodom bekannten Sitten pflegten. Ich bin verpflichtet zuzugeben, dass die Untersuchung der Wachsabdrucke, die wir besitzen, diesen Gerüchten in keiner Weise widerspricht.

Über ein derart unwissenschaftliches Gerede aus der Feder eines Anthropologie-Professors kann man nur bestürzt sein. Natürlich wäre es naiv, in Sarah Baartman eine prüde, keusche Frau zu sehen. Die Freiheit der Sitten ihres Volkes lässt vermuten, dass sie in gewisser Weise sexuell frühreif war. Ihre eigenen Erklärungen vor dem Londoner Gericht im November 1810 weisen eindeutig darauf hin, dass sie am Kap eine Liaison mit einem Gefährten hatte, der der Vater ihres Kindes war. Möglicherweise hat Sarah während ihrer Aufenthalte in England und später Paris sexuelle Beziehungen mit Dunlop, Hendrick Caezar, mit Réaux oder anderen Partnern gehabt. Aber kein Beleg, kein Archivdokument gibt Professor Verneau das Recht, derart entschieden zu behaupten, Sarah sei eine Art Prostituierte gewesen. Verneaus Verweis auf die Lügengeschichten – die er ja selbst als »Gerüchte« bezeichnet –, die in den Laboratorien des Museums die Runde machten, als er selbst dort 1873, 57 Jahre nach Sarahs Tod, eingeführt wurde, lässt vielmehr auf einen Scherz unter Studenten hindeuten.

Was die Bekenntnisse von Verneau selbst betrifft, der die Wachsabdrucke der Genitalien und des Anus der Venus mit der Lupe genauestens untersuchte, um an ihnen Anzeichen für Sodomie zu entdecken: Sie sind Ausdruck einer perversen – ja lüsternen – Neugierde, die die Feierlichkeiten zu einem Todestag, selbst dem einer »abscheulichen Frau von ziemlich beschränkter Intelligenz«, wie sie der Anthropologe nach äußerst subjektiven Kriterien bezeichnet, nicht rechtfertigen. Vielmehr beweist er eine einseitige Haltung, die sich seit 1907 bereits »Ethnozentrismus« nannte: Dieser Begriff wurde von dem Amerikaner W.G. Summer ersonnen und bezeichnet unsere spontane Neigung, körperliche, psychologische und kulturelle Besonderheiten, die von den unseren abweichen, zu verachten.

Die Hottentotten-Venus hat offensichtlich die Exzesse dieses rassistischen Vorurteils heraufbeschworen: weil sie schwarz war; weil sie eine Frau war; weil sie unförmig war; weil sie sich zur Schau stellte. Und so wurde sie durch die Verknüpfung dieser Faktoren zu einem idealen Objekt der Erniedrigung. Aber auch des Erfolgs, da sie ja – den Blicken mehrerer Generationen von Besuchern ausgesetzt – im Musée d'Ethnographie, dann im Musée de l'Homme eine Bekanntheit genoss, die weit über ihren Tod hinaus anhielt. Und jetzt, mehr als zwei Jahrhunderte nach ihrer Geburt, ist ihre Zukunft – ein letztes Paradox – auf dieser Erde noch immer ungewiss: eine unvollendete Geschichte, eine Geschichte ohne Abschluss. Ein merkwürdiger Fall von posthumer spannungsgeladener Erwartung.

Man muss allerdings feststellen, dass im Lauf dieser langen Jahre eine Art Umbruch im Hinblick auf das Bild der Hottentotten-Venus stattgefunden hat. Alles ist so, als sei Sarahs Abdruck so, wie die Massen ihn wahrgenommen haben, langsam aber sicher mit ihrer Person verschmolzen. In den Augen der Öffentlichkeit scheint diese Gipsstatue von einer solchen Präsenz, dass man meinen könnte, sie sei wirklich aus Fleisch und Blut. Sie stellt die Hottentotten-Venus nicht dar, nein, sie *ist* die Hottentotten-Venus! Deshalb verwundert es auch nicht, dass sie je nach Betrachter unterschiedliche, doch meistens sehr heftige Gefühle – von Verspottung bis Mitleid – geweckt hat. So erklären sich auch die kontroversen Reaktionen, deren Zielscheibe sie letztendlich wurde und die Ursache für ihr Verschwinden waren. Für immer der Neugier der Besucher entzogen, ist sie nun dazu verdammt, in den Versenkungen des Musée de l'Homme vor sich hin zu modern – als Opfer eines zweiten Todes.

Epilog

Sarah Baartman war 1974 erstmalig »umgezogen«. Es war zu jenem Zeitpunkt fast 40 Jahre her, dass ihr Gipsabdruck, ihr Skelett, ihr Gehirn und ihre in Glasgefäßen konservierten Genitalien in der Abteilung Anthropologie des Musée de l'Homme ausgestellt wurden, wo sie nicht einmal durch eine Vitrine geschützt der Neugier der Besucher preisgegeben waren. Die Museumsleitung hatte sich darum Sorgen gemacht und beschlossen, die Überreste der Hottentottenfrau in die Abteilung Vorgeschichte zu verlegen. Dort standen sie hinter einer Glasscheibe und waren auf diese Weise endlich vor Langfingern geschützt.

Aber was hatten dieser Abdruck und diese Körperteile einer Frau aus dem 19. Jahrhundert neben dem Pithekanthropus und geschliffenen Feuersteinen aus dem Aurignacien zu suchen? Hatte die Hottentotten-Venus irgendetwas mit diesen anderen Geschöpfen mit dem großen Hinterteil, den »Aphrodite Kallipygos«, des Paläolithikums zu tun? Die Museumsführer hatten die Behörden informiert, nachdem die Fragen von Schülern, die von den üppigen Formen der Venus fasziniert waren, sie in Verlegenheit gebracht hatten. Die Behörden beschlossen, die Afrikanerin wiederum zu verlegen. Aber wohin mit ihr? Jeder Direktor versuchte, der Entscheidung auszuweichen, und überließ seinem Nachfolger die Verantwortung für die Entscheidung.

Anfang der Achtzigerjahre nun gerät das Musée de l'Homme heftig ins Kreuzfeuer der Kritik. Die Ausstellung der Hottentotten-Venus wird als »politisch unkorrekt« bezeichnet. Die Feministinnen sind der Ansicht, dass sie den Frauenhass der Besucher heraufbeschwöre. Die Ideologen sehen in ihrer Zurschaustellung eine untragbare Form von Ethnozentrismus: »Dieses rassistische Vorurteil, das Pseudo-Wissenschaftler manchmal zu bemänteln versuchen« (Emmanuel Terray).

Die Affäre spitzt sich 1981 mit dem Erscheinen einer energischen Streitschrift zu, die von der Professorin für Philosophie an der Sorbonne, Elisabeth de Fontenay, unterzeichnet ist. In einem Diderot gewidmeten Buch verurteilt sie den »regelrechten Anschlag auf die Grabesruhe« , der auf Sarah Baartman verübt wurde, indem man ihr ein Begräbnis vorenthielt. Dies ist in ihren Augen eindeutig ein Symbol für den durch die Kolonisierung verübten Völkermord an den Hottentotten. Mit diesem Drama geht, so Elisabeth de Fontenay, ein weiteres Verbrechen einher:

> Es ist auch ein Attentat auf das Schamgefühl einer Frau, deren Geheimnisse zur perversen Lust, zum Gelächter, nicht aber zur Wahrheitsfindung weiterhin ans Licht gezerrt werden.

Zum Schluss ruft Madame de Fontenay zur Revolte auf und stachelt edle Gemüter zur Befreiung der Hottentotten-Venus mit drastischen Mitteln auf:

> Ins Musée de l'Homme gehen, die Scheibe einschlagen und den Abdruck zertrümmern; oder aber den armen, der Neugierde preisgegebenen Körper in prächtige Gewänder hüllen; oder aber das Skelett entwenden und begraben. Der Friedhof von Trocadéro liegt in der Nähe, man braucht nur die Avenue Paul-Doumer zu überqueren.

Wurde dieser von Herzen kommende Schrei ernst genommen? Auf jeden Fall wurde die Hottentotten-Venus, die aufrecht in einem Holzkasten, einer Art senkrechtem Sarg, aufgestellt ist, in den Magazinen des Museums buchstäblich in strenge Isolationshaft gesteckt. Dort geriet sie in Vergessenheit, bis sich die erhitzten Gemüter anscheinend beruhigt hatten. Im März 1994 holte man sie anlässlich einer Sonderausstellung im Musée d'Orsay vorübergehend aus ihrer Kiste heraus, um sie erneut, als Exemplar für »Die ethnographische Skulptur im 19. Jahrhundert«, auszustellen. Dies führte bei den Besucherinnen der Ausstellung erneut zu Protest. Im Juni packte man die Venus eilends wieder ein. Wieder dämmerte sie in ihrem Versteck im Palais de Chaillot, von allen vergessen, im Halbdunkel und in der Stille vor sich hin.

Doch bald gab es den nächsten Knalleffekt! Sarah Baartman wird von der Geschichte eingeholt. In ihrer Heimat, im südlichen Afrika, ereignen sich Dinge, die

die Ruhe der Aufseher der Hottentottin ernstlich stören werden.

Im April 1994 finden in Südafrika allgemeine Wahlen statt. Zum ersten Mal – dies bedeutet den endgültigen Sieg über die Apartheid – haben die Schwarzen das Recht, zu wählen. Das aus diesen Wahlen hervorgegangene Parlament macht Nelson Mandela zum Präsidenten der Republik. Diese Emanzipation des schwarzen Volkes, das in der neuen »Regenbogennation« in der Mehrheit ist, hat auch gezeigt, wie außerordentlich verschieden die südafrikanischen Ethnien, darunter die zahlreichen Mischlinge, sind. Als Folge davon zählt man in dem jungen Staat etwa zwölf Sprachen, die das Eigenleben dieser Bevölkerungsgruppe zum Ausdruck bringen. Und jede von ihnen fordert die Anerkennung ihrer Identität und ihrer Ursprünge ein.

So verwundert es nicht, dass Sarah Baartman in diesen Strudel hineingezogen wird, dessen kulturelle Beweggründe alsbald ins Politische schwenken werden. Von 1994 an behaupten die Nachfahren des Volkes der Griqua – die zur Gruppe der Khoisan (einstige Bezeichnung für Hottentotten und Buschmänner) gehören –, Sarah sei eine ihrer Vorfahrinnen. Aufgrund ihrer guten Organisation setzen ihre Anführer eine Meinungsumfrage in Gang mit dem Ziel, die Rückkehr von Sarahs Überresten in ihre Heimat zu erwirken. Dieser Forderung fehlt es nicht an Argumenten. Sie wird vom Glauben und den Traditionen dieses Volkes angetrieben, das der Ansicht ist, die Toten seien heilig und würden den Frieden, nach dem sie sich sehnen, erst dann erfahren, wenn ihre Gebeine würdig in dem Land beigesetzt worden sind, in dem sie geboren sind. So nimmt eine lange und undurchsichtige diplomatische Affäre zwischen Südafrika und Frankreich ihren Anfang.

Es sieht ganz so aus, als seien die Forderungen, Sarah Baartmans Überreste zurückzubringen, Mandela persönlich nicht ganz gleichgültig gewesen. Einige Personen aus seiner Umgebung haben in dieser Angelegenheit bei einem Vertrauten von François Mitterrand interveniert. Im Juni 1990, vier Monate nachdem Mandela aus der politischen Haft entlassen worden war, hatte der französische Präsident ihn in Paris auf dem Vorplatz des Trocadéro empfangen, den man aus diesem Anlass »Esplanade des droits de l'homme« – »Platz der Menschenrechte« – getauft hatte. 1992, nach seiner Rückkehr aus Oslo, wo ihm der Friedensnobelpreis verliehen worden war, war der südafrikanische Staatschef erneut in den Élysée eingeladen worden. Wiederum zwei Jahre später, im Juli 1994, war Mitterrand der erste Staatschef gewesen, der dem neuen Südafrika einen offiziellen Besuch abstattete. Bei dieser Gelegenheit wurde die Venus-Affäre mit einem Kulturbeauftragten des französischen Präsidenten besprochen. Vage Versprechungen gerieten in Vergessenheit. Im Mai 1995 folgte Jacques Chirac auf François Mitterrand.

Inzwischen hatte sich die Ungeduld der Griqua verschärft. Im Dezember 1995 verlangte ihre Nationale Konferenz offiziell von Präsident Nelson Mandela, ihre Forderungen der französischen Regierung zu übermitteln. Aber das Memorandum, das sie dem südafrikanischen

Präsidenten überreichten, beschränkte sich nicht nur darauf. In diesem Dokument verlangten die Griqua nämlich auch ihre Anerkennung als »erste südafrikanische Nation«. Beigefügt waren dieser Forderung Gebietsansprüche, die für die Regierung in Pretoria eher peinlich waren. Auch werfen die Griqua dem neuen Staat, einem UNO-Mitglied, vor, die Rechte seiner eigenen Eingeborenen nicht zu schützen. Wie man sieht, waren die Griqua nicht gerade glühende Anhänger von Nelson Mandela, und sie haben es verstanden, sich Gehör zu verschaffen.

Ende Januar 1996 hält sich der französische Minister für Entwicklungshilfe zu einem offiziellen Besuch in Südafrika auf. Er trifft sich mit dem südafrikanischen Minister für Kunst und Kultur. Das Gespräch gibt Anlass zu recht lebhaften Äußerungen. Der Afrikaner beharrt darauf, wie wichtig es für seine Landsleute sei, dass Sarah Baartmans Überreste zurückgebracht werden, und erklärt, diese Maßnahme stelle für sein Land »den Beginn des Heilungsprozesses und der Wiederherstellung seiner nationalen Würde« dar. Der Franzose verspricht, dass seine Regierung Südafrikas Gesuch befürworten werde. Aber er betont, dass die Museen eine faktische Autonomie genießen und dass die Rückgabe von Sarah Baartmans Überresten nur von französischen wissenschaftlichen Gremien beschlossen werden kann. Der Minister weiß aber ganz genau, dass die Archäologen, Anthropologen und Ethnologen ein besonders wachsames Auge auf die Erhaltung der Schätze haben, die in ihren Museen aufbewahrt werden und die sie als ihre »Kriegsschätze« betrachten: »Die Hottentotten-Venus zurückzugeben würde einen gefährlichen Präzedenzfall schaffen«, wird man ihm nach seiner Rückkehr im Ministerium mitteilen. »Wenn wir nachgeben, werden wir bald auch den Obelisken von der Place de la Concorde zurückgeben müssen!« Das ist ein vordergründiges Argument, denn die Südafrikaner verlangen nicht die Rückführung eines Bauwerks, sondern die Rückgabe der Überreste eines menschlichen Körpers – Skelett und Organe –, denen ein Begräbnis versagt wurde und die in ihren Augen fast schon heilig sind. Kurz, die Verhandlungen sind bereits zum Scheitern verurteilt.

Wahrscheinlich gingen die Mauscheleien zwischen den beiden Hauptstädten weiter. Im Januar 1999 ermahnte Cécil Le Fleur, der Präsident des Nationalrats der Griqua, der anscheinend nicht darüber informiert war, dass die Venus derzeit nicht Thema Nummer eins war, während eines am Kap stattfindenden Archäologie-Kongresses Frankreich erneut, die Rückgabe zu beschließen:

> Die Zurschaustellung ihres Hinterteils und ihrer Genitalien, um Massen von herzlosen Leuten zu ergötzen, verletzt die Würde meines Volkes.

Doch er stößt auf taube Ohren. In Paris wird eisern geschwiegen, als wäre die Venus ein regelrechtes Staatsgeheimnis. »Es handelt sich um eine sehr delikate Angelegenheit«, gibt die südafrikanische Botschaft höflich zur Antwort. Am Quai d'Orsay ist man genauso diskret. Im Musée de l'Homme sind die Dokumente und Abbildungen, die Sarah Baartman betreffen, praktisch unzugänglich, mit Embargo belegt und werden von einer Verwaltungsträgheit beschützt, die abschreckender ist als ein Tresor.

Für die Dreharbeiten eines Dokumentarfilms jedenfalls – *On l'appelait la Vénus Hottentote*, 1998 von dem Südafrikaner Zola Maseko realisiert – ist die »Dame der Guten Hoffnung«, wie Elisabeth de Fontenay sie so hübsch nennt, zeitweise aus ihrem senkrechten Sarg herausgestiegen. Sie posiert für die Kameras neben ihrem Skelett, bevor sie wieder in den Schrank gestellt wird. Will man dem Direktor des Laboratoriums für Anthropologie glauben, der am Ende des Films interviewt wird, sind die Behälter, in denen Sarah Baartmans andere Überreste – ihr Gehirn und die Genitalien – aufbewahrt wurden, aus dem Musée de l'Homme verschwunden. Er selbst hat sie niemals gesehen. Man muss also annehmen, dass sie nach 1982 vernichtet oder entwendet wurden, dem Zeitpunkt, an dem der berühmte amerikanische Biologe Stephen Jay Gould sich erinnert, in einem Fläschchen mit dem Etikett »Hottentotten-Venus«, das »direkt über Brocas Gehirn stand«, die berühmte »Genital-Schürze« bemerkt zu haben, die Sarah mit jener Schamhaftigkeit, die Cuvier so verärgerte, verbarg. Es wäre nicht das erste Mal, dass der Körper der Afrikanerin Stück für Stück verschwindet. Wir haben schon gesehen, wie 1827 ihr Schädel gestohlen und einige Monate später von unbekannter Hand wieder zurückgestellt wurde.

Bei dem außergewöhnlichen Abenteuer der Hottentotten-Venus kommt es auf ein Geheimnis mehr oder weniger nicht an. Genau das verleiht ihr ja diese Aura, die sie zu einer einzigartigen Gestalt macht. Sie ist nicht nur ein Symbol, sondern auch eine echte Frau, die berühmt war und verspottet wurde, das Opfer eines erstaunlichen Schicksals. Ganz sicher hätte sie verdient, dass ihre Überreste im Grab endlich Frieden finden. *Requiem.*

Dank

Verschlossene Türen und stumme Münder …

Ich habe die Erfahrung gemacht, dass die Wege, die zur Geschichte von Sarah Baartman führen, verschlungen und voll unerwarteter Hindernisse waren. Mein Dank gilt all jenen, die mir geholfen haben, ein paar Türen zu öffnen, und die mich auf die richtige Fährte gebracht haben. Ich danke Francine N'Diaye, Marie Mauzé, Michel Izard, François-Xavier Fauvelle, Christophe Reilhac, Frédéric Couderc … und einigen anderen.

Informationsquellen und verwendete Literatur

Einführung

Cohen, Claudine, *L'Homme des origines*, Paris 1999.
Lynch, David / Ashley, Christopher. Nach Sir Frederick Treves und Christopher Ashley: *Elephant Man*, Film USA 1980.
Passemard, Luce, *Les Statuettes féminines dites Vénus Stéatopyges*, Nîmes 1938.
Solié, Pierre, *La Femme essentielle*, Paris 1998.
Taylor, Timothy, *Sexualität der Vorzeit*, Wien 1997.
Terray, Emmanuel, »Face au racisme«, in: *Magazine littéraire*, Paris 1985.
Tulard, Jefan, *Guide des films*, Paris 1990.

I Das Mädchen der Guten Hoffnung

Ade Ajaxi, J. F., *Histoire générale de l'Afrique au XIXe siècle*, Paris 1996.
Africa: Journal of the International African Institute, Edinburgh 1.1928-.
Archive des Greenwich National Maritime Museum, London.

Baldwin, William-Charles, *Du Natal au Zambèze*, Paris 1872.

Balfour, Henry, *The »goura«, a String-wind Musical Instrument of the Bushmen and Hottentots*, Royal Anthropological Institute, London 1902.

Beguin-Billecoq, François, *Des Voyageurs français au cap de Bonne-Espérance* (Vorwort von Präsident Nelson Mandela), Relations Internationales et Culture, Paris 1996.

Blanchard, Raphaël, »La Stéatopygie et le tablier des femmes hottentotes«, in: *Bulletin de la Société Zoologique de France*, Paris 1883.

Cope, John P., *King of the Hottentots*, Kapstadt 1967.

Coquerel, Paul, *Afrique du Sud, l'histoire séparée*, Paris 1992.

Dapper, Olfert, *The Early Cape Hottentots*, hrsg. von Isaac Schapera, Kapstadt 1933.

Ellenberger, Victor, *Afrique: avec cette peur venue du fond des âges*, Paris 1958.

–, *La Fin tragique des Bushmen*, Paris 1953.

Elphick, Richard, *Les Khoi-Khoi et la fondation de l'Afrique du Sud blanche*, Johannesburg 1985.

Encyclopédie, ou Dictionnaire raisonné des Sciences, des Arts et des Métiers, Paris 1765.

Fauvelle, François-Xavier, »Les Khoisan dans la littérature anthropologique du XIXe siècle«, in: *Bulletin et mémoires de la Société d'Anthropologie de Paris*, 2000.

–, »Quel passé pour les Khoisan? Représentation, mémoires, héritages«, in: *Cahier d'Études africaines*, Paris 1999, S. 155 f.

–, *Le Hottentot, ou l'homme-limite. Généalogie de la représentation des Khoisan en Occident (XVe–XIXe siècles)*, Dissertation der Universität Paris I, 1998.

Halford, Samuel James, *The Griquas of Griqualand*, Kapstadt / Johannesburg o. J. [1949].

Hartweg, Raoul, *Cours d'anthropologie physique*, Paris 1962.

Hervé, Georges, *Les Instructions anthropologiques de Georges Cuvier pour le voyage du »Géographe« et du »Naturaliste« aux terres australes*, Paris 1910.

Kirby, Percival R., »The Hottentot Venus«, in: *South African Journal of Science*, Juli 1954.

Kolb, Peter, *Unter Hottentotten: 1705–1713*, Tübingen 1979.

La Représentation des groupes sociaux chez les romanciers noirs sud-africains, Paris 1996.

Lacour-Gayet, Robert, *Histoire de l'Afrique du Sud*, Paris 1970.

Levaillant, François, *Second Voyage dans l'intérieur de l'Afrique, 1783–1785*, Paris 1792.

–, *Voyage dans l'intérieur de l'Afrique par le cap de Bonne-Espérance, 1780–1785*, Paris 1790.

Monod, Théodore, *L'Hippopotame et le philosophe* (mit Abbildungen des Autors), Paris 1943.

Newton-King, Susan, *The Khoikhoi Rebellion in the Eastern Cape (1799–1803)*, Kapstadt 1981.

Patterson, William, *Quatre voyages chez les Hottentots et chez les Caffres*, Paris 1790.

Péron, François / Le Sueur, Charles A., »Observations sur le tablier des femmes hottentotes«, in: *Bulletin de la Société Zoologique de France*, Paris 1883.

Rey, Alain / Tomi, Mariane / Hordé, Tristan / Tanet, Chantal, *Dictionnaire historique de la langue française*, Paris 1993.

Schapera, Isaac, *The Khoisan Peoples of South Africa: Bushmen and Hottentots*, London 1965.

Shell, Robert C. H. , *Children of Bondage*, Hanover / London 1994.

Theal, George McCall, *Kaffir folk-lore*, London 1886.

The Khoi-Khoi at the Cape of Good Hope: seventeenth-century drawings in the South African Library, Text von Andrew B. Smith, Kapstadt 1993.

Thomas, Elizabeth Marshall, *Meine Freunde, die Buschmänner*, Berlin 1962.
Verneau, René, *Les Boers et les races de l'Afrique australe*, Paris 1899.

II Die Venus von Piccadilly

Altick, Richard D., *The Shows of London*, Cambridge, Mass., 1978.
Burchell, *Travels in the Interior of South Africa*, London 1824.
Garlick, Kenneth / McIntyre, Angus, *The Diary of Joseph Farington, Vol. VI*, New Haven / London 1979.
Lindfors, Bernth, »Courting the Hottentot Venus«, in: *Africa*, Nr. 40, Rom, Instituto dell'Africa all'Oriente, März 1985.
The Book of Days, A Miscellany of popular antiquities in connection with the calendar, Vol. III, London / Edinburgh 1864.

III Pariser Ruhm

Annales du Ridicule (Szenen und Karikaturen des Pariser Lebens), Paris 1815.
Archives de la préfecture de police de Paris (Offizielle Sammlungen von Polizeianordnungen 1800–1848), Paris.
Barthelemy, Guy, *Les Jardiniers du Roy*, Paris 1979.
Dictionnaire du XXe siècle européen, Sammelband unter der Leitung von Madeleine Ambrière, Paris 1997.
Droixhe, Daniel / Kiefer, Klaus H., *Images de l'Africain de l'Antiquité au XXe siècle*, Frankfurt a. M. 1987.

Fonds du Museum national d'Histoire naturelle (Briefwechsel und Berichte der Professorenversammlungen), Staatsarchiv, Paris.
Fournel, Victor, *Les Rues du vieux Paris: galerie populaire et pittoresque*, Paris 1879.
Hoche, Lucien, *Paris occidental*, Paris 1912.
Hoffmann, Léon-François, *Le Nègre romantique*, Paris 1973.
Honour, Hugh, *L'Image du Noir dans l'art occidental*, Paris 1989.
Joachim, Sébastien, *Le Nègre dans le roman blanc*, Montréal 1980.
Le Journal de Paris, Paris 1814 und 1815.
Le Journal des Dames et des Modes, Paris 1814 und 1815.
Le Moniteur universel, Paris 1815.
Lefeuve, Charles, *Histoire de Paris*, Paris 1875.
Simond, Charles, *Paris de 1800 à 1900*, Paris 1875.
Tulard, Jean, *Nouvelle Histoire de Paris*, 1800–1815, Paris 1879.

IV Posthume Schmähungen

Balzac, Honoré, *Die tödlichen Wünsche*, Zürich 1977.
Bonaparte, Prinz Roland, *Collection anthropologique*, Paris 1889.
Bowlby, John, *Charles Darwin. Une nouvelle biographie*, Paris 1995.
Buican, Denis, *La Révolution et le darwinisme*, Paris 1989.
–, *Darwin et le darwinisme*, Paris 1987.
Chaline, Jean, *L'Évolution humaine*, Paris 1982.
Changeux, Jean-Pierre / Ricœur, Paul, *La Nature et la Règle*, Paris 1998.

Cuvier, Georges, *Discours sur les révolutions de la surface du globe*, Paris 1825.
–, *Observations faites sur le cadavre d'une femme connue à Paris sous le nom de Vénus Hottentote*, Staatliches Museum für Naturgeschichte, Paris 1817.
Darwin, Charles, *Die Abstammung des Menschen*, Dreieich 1986.
–, *Die Entstehung der Arten durch natürliche Zuchtwahl*, Stuttgart 1998.
Deleuze, M., *Histoire et description du Muséum royal d'Histoire naturelle*, Paris 1823.
Deniker, Joseph, »Les Hottentots au Jardin d'Acclimatation«, in: *Revue d'Anthropologie*, Paris, März 1889.
Dictionnaire du Darwinisme et de l'évolution, Sammelband unter der Leitung von Patrick Tort, Paris 1981.
Edey, Maitland A., *The Missing Link*, New York 1972.
Fedorovsky, Adrien, *La Conservation et la restauration des objets ethnographiques*, Paris 1936.
Geoffroy Saint-Hilaire, Étienne / Cuvier, Frédéric, *Histoire naturelle des mammifères*, Paris 1824.
Georges Cuvier de son temps au nôtre, L'Expansion Scientifique Française, Paris 1970.
Gould, Stephen Jay, *Der falsch vermessene Mensch*, Frankfurt a. M. 1998.
Hamy, Dr. E. T., *Les origines du musée d'Ethnographie*, Paris 1890.
Histoire générale des sciences, Sammelband, PUF, Paris, 1969.
Lestrange, Monique de, »Les Collections anthropologiques et Préhistoriques du Musée de l'Homme«, in: *Le Concours médical*, Nr. 42, Paris, 16. Oktober 1954.
L'Exposition universelle de 1889 (Ausrichtung und Verbreitung), Paris 1989.
Lengellé, Maurice, *L'Esclavage*, Paris 1955.

Marks, Jonathan, »La Race, théorie populaire de l'hérédité«, in: *La Recherche*, Paris, Oktober 1997.

Nouvelle Biographie générale, Paris 1855.

Petit, G. / Théodoridès, Georges, »Trois aspects peu connus de l'œuvre et des relations de Georges Cuvier«, in: *Biologie Médicale*, Paris, März 1967.

Rousseau, L. / Le Monnier, C., *Promenade au Jardin des Plantes*, Paris 1837.

Stone, Irving, *Charles Darwin, le roman de nos origines*, Paris 1982.

Théodoridès, Jean, *Quelques documents inédits relatifs à Georges Cuvier*, Paris 1966.

Topinard, Paul, »La Stéatopygie des Hottentots du Jardin d'Acclimatation«, in: *Revue d'Anthropologie*, Paris, März 1889.

–, »Les Hottentots au Jardin d'Acclimatation de Paris«, in: *La Nature*, Paris, August 1888.

– *De la notion de race en anthropologie*, Paris 1879.

Verneau, Réne, »Le Centième anniversaire de la mort de Sarah Baartman«, in: *L'Anthropologie*, Paris, 1916.

Epilog

Agence France Presse, Paris, 1. Januar 1996.

Fontenay, Elisabeth de, *Diderot, ou, Le matérialisme enchanté*, Paris 1981.

Gould, Stephen Jay, »The Hottentot Venus«, in: *Natural History*, 99–10, 1982.

Hamy, Dr. E. T., *Les Origines du musée d'Ethnographie*, Paris 1890.

La Croix, Paris, 3. September 1997.

Le Figaro, Paris, 10. August 1995.

Lévi-Strauss, Claude, »Race et Culture«, in: *Revue internationale des sciences sociales*, Nr. 4, Paris 1971.

Lévi-Strauss, Claude, *Rasse und Geschichte*, Frankfurt a.M. 1972.

Mail & Guardian, South Africa, 3. Mai 1996.

Maseko, Zola, *On l'appelait la Vénus Hottentote*, Film, Les Dossiers de l'Histoire, Coproduction France 3 – Dominant 7, Paris, Dezember 1998.

Rivet, Prof. P. / Lester, P. / Rivière, G. H., *Archives du Muséum d'Histoire naturelle*, Paris 1935.

Roquebert, Anne, *La Sculpture ethnographique au XIXe siècle*, Les Dossiers du Musée d'Orsay, Paris 1994.

Salazar, Philippe, *Afrique du Sud, la révolution fraternelle*, Paris 1998.

Weekly Mail & Guardian, Braamfontein, South Africa, 15. Juni 1995.

Bildnachweis

Seite 45 und 55: Selva; Seite 93 und 137: Muséum d'histoire naturelle, Paris; Seite 116 und 128: J.-L. Charmet; Seite 153: Archives nationales, Paris.